テルマエ

湯

お風呂でつながる古代ローマと日本

青幻舎

# ごあいさつ

　古代ローマの人々の生活について「お風呂文化」を中心に紹介します。日本における古代ローマ研究の第一人者である青柳正規氏、芳賀京子氏の監修のもと、漫画『テルマエ・ロマエ』の作者・ヤマザキマリ氏のご協力によって実現した本展は、絵画・彫刻・考古資料といった100件以上の作品と映像や再現展示を通して、テルマエ（公共浴場）を愛した人々のくらしを身近に感じていただく機会となるでしょう。

　古代ローマ人が現代のわれわれと同じように無類のお風呂好きであったことは、『テルマエ・ロマエ』によって多くの人の知るところとなりました。空前の繁栄と平和が続いたハドリアヌス帝の治世を舞台にした同作品でも、テルマエは豊かさのシンボルとして描かれています。また、日本において入浴の習慣が定着した江戸時代も、長きにわたり平和が守られた時代でした。家庭内の風呂が当たり前になった現在でも、東京だけで約700軒もの公衆浴場が存在しています。温泉地へ旅することや近年のサウナブームも、日本人がお風呂好きな民族であることに起因するのでしょう。本展の最後の章では、国内に残される地方色豊かな温泉文化にも触れながら、日本のお風呂の歴史を概観します。『テルマエ・ロマエ』の主人公・ルシウスが浴場を通して日本とローマを往復したように、古代ローマと日本のそれぞれの入浴文化を体感いただけましたら幸いです。

　最後になりましたが、本展の開催にあたり、貴重な作品をご出品くださいましたナポリ国立考古学博物館をはじめとする美術館・博物館および所蔵者の皆様に深甚なる感謝の意を表します。また本展実現のためにご協賛、ご後援、ご協力を賜りました関係各位に心から御礼申し上げます。

主催者

# メッセージ

　近年、ナポリ国立考古学博物館では、日本との国際交流を強化してきました。単なる作品の貸し出しにとどまらない数々の取り組みは、日伊両国の相互理解を促進する平和と成長の架け橋となっています。その成功の秘訣はお互いを知ることです。しかし、最近の国際情勢を見ると、これは当たり前のことではなく、危険はいつもすぐそばに潜んでいることが明らかになっています。ある国の伝統を理解することは、相互尊重の精神を取り入れることであり、あらゆる政治プロセスの基盤となります。

　この展覧会では古代ローマの浴場の紹介に加えて、浴場をテーマに古代ローマ世界と日本を比較します。両国の文明には相違点が多いように見えますが、実際には多くの共通点が、両者を結び付けていることに気づくでしょう。2022年に日本の4都市で開催した「ポンペイ展」同様、本展でも火山をはじめ、医療、豊かな風土、人々の出会いや社交、考古学と地質学の緊密な関係など、両国に共通する要素が、ふたつの世界を結び付けています。

　日本の有名な漫画『テルマエ・ロマエ』がローマの浴場空間を舞台にしたことは、私たちを驚かせました。この素晴らしい古代世界への視点は、西洋的な固定観念にとらわれないからこそ可能だったのかもしれません。

　ナポリ国立考古学博物館にとって、青柳正規氏と芳賀京子氏の監修、ならびに、ウンベルト・パッパラルド氏とロザーリア・チャルディエッロ氏の学術協力のもと開催する本展に参画することは、大変光栄なことです。このような文化交流イベントを継続的に開催することを意義深く感じ、今後も同様の協力関係が末永く続くことを願っています。

ナポリ国立考古学博物館館長<br>
パオロ・ジュリエリーニ

凡例

◆ 本書は、2023年9月9日から11月5日まで山梨県立美術館、11月25日から2024年1月21日まで大分県立美術館、4月6日から6月9日までパナソニック汐留美術館、6月22日から8月25日まで神戸市立博物館において開催する「テルマエ展　お風呂でつながる古代ローマと日本」の公式カタログ兼書籍である。
　　※会場によって、本書に掲載されている作品でも陳列されていない場合がある。

◆ 作品キャプションは、下記の順で記載
　　序章〜第3章：作品番号、日本語名称、作者（判明しているもの）、時代および年代、出土地（判明しているもの、特定できる場合は住居を表示、コインの場合は発行地を示す）、材質、サイズ、所蔵先、所蔵番号
　　第4章：作品番号、タイトル、作者、時代および年代、材質、サイズ、所蔵先
　　※記載がない事項は不明。
　　○作品番号は会場の展示番号と一致するが、展示の順番とは必ずしも一致しない。
　　○No. 2、15、16は、会場にはレプリカが展示される。
　　○p. 179〜186掲載「作品リスト」、作品番号に「*」が付く作品は、巡回館により本書掲載の図版と異なる所蔵先の作品が展示されることを示す。

◆ 本書のエッセイ、コラム等の執筆者は各文章に明記。

◆ 章と節の解説ならびに作品解説の執筆者は以下の通りで、文末にイニシャルで記載。
　　芳賀京子（東京大学教授）：K.H.
　　ロザーリア・チャルディエッロ（ナポリ・スオール＝オルソラ＝ベニンカーザ大学教授）：R.C.
　　太田智子（山梨県立美術館学芸員）：T.O.
　　吉田浩太郎（大分県立美術館主幹学芸員）：K.Y.
　　萩原敦子（パナソニック汐留美術館主任学芸員）：A.H.
　　萱原朋奈（神戸市立博物館学芸員）：T.K.
　　鈴木更紗（神戸市立博物館学芸員）：S.S.
　　三好俊（神戸市立博物館学芸員）：S.M.
　　山田麻里亜（神戸市立博物館学芸員）：M.Y.

# 目次

# ローマ人の入浴

青柳正規（東京大学名誉教授・山梨県立美術館館長）

　哲学者、そして同時に皇帝ネロの家庭教師だったセネカが年下の友人ルキリウスに宛てた手紙の中で、私は「浴場の上」に住んでいると記し（セネカ『ルキリウスへの手紙』56,1-2）、階下の浴場から毎日間こえてくる騒音の凄まじさを嘆いている。

　鉛の玉を持ち上げて練習に励む運動家たちの荒々しい息づかい、ボール遊びに興じる人々の掛け声や歓声、マッサージの際の肌を叩く音、そればかりでなく乱闘騒ぎをする者、見つかってしまった泥棒、浴室の中で自分の声の響き具合を確かめている男たち、プールに飛び込む者、彼らの発する音が反響し合って騒音はさらにひどいものになった。しかも、絶え間なく声を変える清涼飲料水売り、ソーセージ職人、菓子職人、そして居酒屋の店員たちも商品を売るために、それぞれ声を張り上げていた。

## スピキオの浴場

　そのセネカが南イタリアのリテルノにあるスキピオの別荘を訪れている。第2次ポエニ戦争（前219〜前201年）で勝利をローマにもたらした将軍は現役を退いてこの別荘で隠棲の日々を送った。それから200年以上が経った時点でのセネカの訪問である。彼が目にしたのは「古くからの習慣で暗く狭く、そして小さな浴室」であり、大きな窓がある当代の新しい浴場と比較せざるを得なかった（セネカ、前掲書86,11）。

　スキピオが別荘の一角に浴室を設けたのは紀元前2世紀前半のことである。ギリシャ文化を賞賛していたスキピオがギリシャのギュムナシウム（青少年の錬成所）などにある浴室を手本に内風呂をつくったのである。当時としては最新の施設だったが、その後ローマ社会では浴室や浴場が急速に普及し、紀元前1世紀後半には都ローマに公共浴場としては初めてのアグリッパ浴場のような巨大施設が出現するようになる。

## 建築としての浴場

　ローマ社会における浴場の発達は、紀元前312年に建設されたアッピア水道を嚆矢(こうし)とする大規模な水道建設による良質な給水システムと密接に関係していた。紀元前25年に建設されたアグリッパ浴場も、アグリッパ自身が建造したウィルゴ水道を利用することが可能になって、はじめて本格的なテルマエとして機能するようになったのである。水道の普及と並んで重要な役割を果たしたのが複雑な浴場建設を可能とする建築技術をはじめとするさまざまな技術の発達である。

　そのひとつが広大な内部空間を構築可能としたコンクリート工法（オプス・カエメンティキウム）である。現代のコンクリートは型枠の中で砂や砂利の骨材とセメント（ポルトランド

セメント）、それに水を混ぜ合わせて固める。古代ローマではセメントの代わりに石灰やポッツォラーナ（プルウィス・プテオラヌス）と呼ばれる特殊な火山灰（南イタリアのナポリ周辺で採取される）を骨材の接着剤として使用した。ローマ帝政初期に書かれた『建築十書』（2,5,1;5,12,2）によれば、建物をつくる場合の割合はポッツォラーナ3：石灰1とし、埠頭のような水中での工事にはポッツォラーナ2：石灰1でつくることを推奨している。水中でも固まる性質をもっていたので、古代ローマの港では強固なコンクリート製の埠頭が数多く建造された。また現在でもほぼ完璧な姿で残るパンテオンは古代ローマのコンクリート工法の代表例で、直径43.8メートルの半球状のドームで覆われている。コンクリート工法による浴場建設で蓄積された技術の結晶といえる。

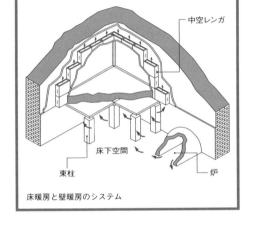

床暖房と壁暖房のシステム

　公共浴場を可能としたもうひとつの建築技術が、効率的な暖房システムであるヒュポカウストゥムに集約されている。公共浴場は、更衣室（アポデュテリウム）、冷浴室（フリギダリウム）、温浴室（テピダリウム）、熱浴室（カルダリウム）からなっていた。これらの部屋と浴室はそれぞれの広さが100平方メートル以上、天井までの高さが10メートル以上はあったので、ストーブのような通常の暖房器具で大きな空間を暖めることはできなかった。そこで考案されたのが床暖房（ヒュポカウストゥム）と壁暖房（コンカメラティオ）である。

　公共浴場の場合、地下に設置された大きな炉（プラエフルニウム）で大量の薪や石炭を燃やし、その上に置かれた青銅製の大釜で湯を沸かすと同時に、生成する煙が床下の空間を充填する。この空間こそがヒュポカウストゥムで、コンクリートをベタ打ちした床の上にほぼ60センチ間隔で束柱（ピラエ）が林立していた。束柱は1辺が20センチ弱の正方形をしたレンガ（ベッサレス）を60センチほどの高さに積み重ねた。この束柱の上に1辺が60センチ弱の正方形レンガが規則的に配され浴室などの床を形成した。浴室の床や壁の表面はすべて防水性のあるコッチョペスト（オプス・シグニヌム）で覆われ、その上を漆喰によって左官仕上げがなされていた。

　浴室を取り囲む壁面と壁体の間には中空レンガ（トゥブリ）が張り巡らされており、床下にたまった高温の煙は、この中空レンガにたまるようになっていた。壁一面の中空レンガで造られたこの空隙部分（コンカメラティオ）と床下（ヒュポカウストゥム）にたまった熱気によって室内は気持ちのいい穏やかな暖かさに満ちていた。このシステムが熱効率の上でも優れていたのは、レンガを使用していたことにある。レンガは、熱を吸収すると同時に、ゆっくりと放出することができる耐火材であり、炉の火が消えてから数時間後でも熱を放出するため、浴室内の温度が長時間にわたって維持されたのである。

## 入浴法

　公共浴場に行くとローマ人は一定の作法と順序で温度の異なるいくつかの浴室を一巡するという、いわゆる「循環入浴法」が普及していた。入口大広間（アトリウム）を入って最初に向かうのが更衣室（アポデュテリウム）で、脱いだ服を棚に置いて、連れてきた使用人や浴場の奴隷に見張りをさせた。

　次に運動場（パラエストラ）に向かい、ボール遊び（スファエリステリウム）や運動で身体を温めて汗を流したり、オイルを全身に塗ったりした。次に向かうのが冷浴室（フリギダリウム）で、浴槽は常温の水で満たされていた。公共浴場によっては浴槽がプールのように広い場合もあり、暑い季節は体を冷やすためのプールとして使用された。寒い季節になると冷浴室を使わない入浴客もいた。

　浴室で冷やした体をすぐに高温の浴槽に浸すのは心臓によくなかった。そこで適度に体を温めるため、心地よい温度が保たれている温浴室（テピダリウム）で一定の時間を過ごした。温浴室には通常浴槽がなく、床暖房と壁暖房のほかに石炭をくべるストーブが置かれていることもある。

　最後に熱浴室（カルダリウム）という蒸し暑い浴室に向かう。浴室の温度は体温よりも高く湿度も100パーセントに近い。熱浴室に入った途端、ムッとする気温と湿度を感じたはずである。しかも床暖房で温められた床を素足で歩く事はできないので、通常底が木製のサンダルを履いて浴室に入った。大きな浴室の一端には何十人から何百人もが同時に入ることのできる浴槽（アルウェウス、ピスキナ・カリダ）があった。浴槽の湯は40度以上、50度以下の高温だった。このため血液循環の活性化、代謝老廃物の減少、免疫システムの活性化、身体の解毒と浄化などに効果があると信じられていた。そればかりでなくストレスの軽減や循環器系統の活性化にも役立つと考えられていた。実際にそのような効果があったと推定されるが、現在のような公衆衛生に関する十分な知見がなかったので、眼病や皮膚病の温床になることもあった。浴槽には周囲の階段を登り、内側の階段を降りて入り、その階段に腰を下ろして入浴する場合もあったが、多くは浴槽の中で立ったまま入浴を楽しんだ。

　浴槽の反対側には直径4、5メートルもある水盤（ラブルム）が置かれていた。水盤の中央からは熱い湯が流出し、そのまわりの凹みにたまるので、入浴客たちは布や海綿に洗剤を塗って体を洗った。ローマ人が用いた洗剤はブナの灰やスギナの粉、あるいはガリア地方で採れる特殊な粘土やオイルだった。また、それらをペースト状にして体に塗ることもあり、角質化した皮膚を軽石で削り落した。熱浴室に隣接する部屋でマッサージを受け、香油やエジプトの軟膏を使ったトリートメントで仕上げをした。体に塗った香油や軟膏は三助のような浴場の使用人（バルネアトル）がストリギリスという青銅製のへらで掻き落とした。裕福な人々は何人もの奴隷を付き添わせていた。マッサージ師（ウンクトル）に加えて、入浴をこまごまと世話する奴隷（バルネアトル）や脱毛係の奴隷（アリプテス）などである。

　水盤のまわりは、蒸気が立ち込め入浴客たちが何人も集まって噂話や商売の話に興じるコーナーだった。活気のあるこの一角をローマ人はスコラと称した（pp. 30–31）。ギリシャ語の「余暇」を意味するスコレに由来する名称で、のちに英語のスクールの語源になった言葉である。

　マッサージやトリートメントを受けたあと、図書館で朗読を聞いたり、浴場付属の庭園を

散歩したり、最後には更衣室で着替えを済ませて帰宅した。

　以上の冷浴室、温浴室、熱浴室のほかに発汗室（スダトリウム）やサウナ風呂（ラコニクム）、日光浴を楽しむソラリウムと呼ばれる部屋もあった。これらの部屋を使ったあと、もう1度循環入浴を繰り返す者もいた。また帰宅の前に、軽食を取りたい者は、浴場内または浴場のすぐ近くにあった居酒屋（ポピナ、カウポナ）で飲食をした。

## 入浴の時間

　ローマ人が公共浴場に行くのは第8時（ホラ・オクタウァ）、つまり午後の1時から2時の間からだった。紀元1世紀に活躍した風刺詩人マルティアリスは主人（パトロヌス、保護者）のある庇護民（クリエンテス）の1日を次のように描写している（4.8.1-7）。

　「1日の最初の2時間は挨拶に費やされ、第3時は声なき弁護士にこき使われ、第5時までローマは様々な労働を長引かせ、第6時は疲れた者にとっての平穏であり、第7時は平穏の終わりであり、第8時から第9時までは油を塗った運動場の時間であり（つまり入浴の時間）、第9時は用意された食堂（トリクリニウム）を台無しにする必要があり、第10時は、エウフェムスよ、ようやく私の詩集の時間なのだ」。

　この1節を理解するには、古代ローマの1日の時間区分を知る必要がある。カエサルの治世下において暦は太陰暦から太陽暦に変わっていたが、1日の時間は日の出と日没を基準としていた。つまり日の出から日没までを12等分にし、日没から日の出までを同じく12等分した。したがって、都ローマの夏至のときの1時間は約75分であったのに対し、冬至の1時間は約45分でしかなかった。夏と冬では1時間といっても約30分の差があった。

　マルティアリスが述べる「第8時から第9時までは油を塗った運動場の時間」は夏至の頃であれば、午後1時15分頃から3時半過ぎまでの時間帯で、この間に公共浴場の運動場で球技などを行い、汗をかいたあと、ゆったりと入浴をしたようである。入浴時間がどれほどであったか十分な資料はないが、おそらく1時間から2時間ほどだったと推定される。

## 都ローマの浴場

　アグリッパが行った紀元前33年の国勢調査によると、都ローマには個人経営の浴場を含めて170のバルネウム（公共浴場と個人経営浴場の総称）があり、4世紀の『ローマ十四区総覧』では856に達していた。浴場だけでなく図書館や庭園などを含む複合施設としての公共浴場がローマ世界で初めて登場するのは、アグリッパ公共浴場である。

　東西の幅80〜100メートル、南北の奥行き約120メートルの当時としては広大な公共浴場だったが、のちの公共浴場に見られるような左右対象の整然とした浴室配置ではなく、円形の中央大広間の周辺にいくつかの浴室が配置された、いわゆる「共和政的」な浴場建築だった。しかし当時からアグリッパは優れた彫刻を浴場に並べて入浴客が美術を楽しめるよう工夫をした。その中にはアレクサンドロス大王の宮廷彫刻家だったリュシッポスの《垢を掻く人（アポクシュオメノス）》(p. 12、参考図版1)のような傑作も含まれていた。

　ネロの浴場はアグリッパ浴場の約1世紀後に建設された公共浴場である。約190×120

メートルの建物はアグリッパ浴場の約2倍あり、以前よりも公共浴場への需要が高まっていたことを反映している。また浴室などを中央軸線の左右に配した厳密な左右対称の構成はその後の公共浴場の規範となっている。しかも、この浴場の燃料としての薪を供給する森林が皇帝によって指定され、森林維持のための税金が制定されたという。いかに大量の燃料を必要としたかを物語っている。この後も、ティトゥス浴場、トラヤヌス浴場、カラカラ浴場、そして公共浴場としては最後のディオクレティアヌス浴場が建設されていく。

　216年に完成したカラカラ浴場は、それまでの公共浴場が市街地の中心部で建設されたのに対し、当時としてはまだ市街地化していない郊外に建設されることになる（pp. 28–29）。正面337メートル、奥行き328メートル、総面積約110000平方メートルの広大な敷地を確保できたのも郊外だったからであり、その中に浴場施設とそれをとりまく庭園がつくられた。

　敷地全体に人工地盤を構築し、浴場の建物や庭園がその上に配置された。人工地盤の中には浴場機能を発揮するためのさまざまな設備や貯蔵庫が設けられ、多くの奴隷たちが閉鎖空間の中で作業に従事したが、地上の入浴客たちにその姿を見せることはなかった。

　浴場の建物は、幅220メートル、奥行き114メートル、面積にして約25000平方メートルにも及んだ。全体は厳格な左右対称のプランによって構成され、中央軸線上に大プール（ナタティオ）、冷浴室に相当する中央大ホール、温浴室、熱浴室が並んだ。さらにこの軸線上に並んだ浴室の左右両側には、それぞれさまざまな用途の小部屋を伴う浴場区画が配されていた。ふたつの浴場区画が設けられたのは、男湯と女湯を区別するためだった。おそらく中央軸線上の浴室と大ホールは男性が占有したと推定される。

　中央軸線上にある大プールの部屋は約1600平方メートルの広さをもち、プール自体は幅53メートル、奥行き24メートル、深さは約1.2メートルで、現在の競技用50メートルのプールと同じぐらいの面積を有していた（p. 27）。1500立方メートルほどの水を湛えることができたプールの底は排水孔に向かって約15度の傾斜があり、暑い夏の日、迅速な水の入れ替えを可能としていた。

　冷浴室は約1400平方メートルあり、その南側に温浴室がある。床下暖房を備え、両側に浴槽を配してはいるが、大プールや冷浴室に比べてはるかに小さな空間でしかないのは熱浴室に入る前の準備的な浴室であり、冷浴室に対して大きな開口部をもつにもかかわらず、一定の暖房を必要とする浴室だったからである。

　温浴室に続く円堂形の熱浴室の直径は35メートルである。同じようなかたちをしたパンテオンの直径が43.8メートルなので、いかに大きな浴室かがわかる。円堂形の壁の厚さは8メートルあり南半分の半円には5つのアーチが壁体を貫通し、小さな板ガラスを組み合わせた巨大な窓が外気を遮断した。これらのアーチのそれぞれに熱い湯をたたえた浴槽が配されていた。このほかサウナ風呂のようなラコニクム、日光浴を楽しむソラリウム、無駄毛を剃ったり、マッサージを受けたりするウンクトゥアリウムなど、いくつもの部屋があった。

　カラカラ浴場には浴場施設の外、図書館、運動場（パラエストラ）と観客席、果樹園や庭園があり、入浴後のくつろいだ時間を過ごすことができた。

　この広大な浴場は1600人程度の入浴客を同時に受け入れることができたので、1日あたり6000人から8000人が利用可能だった。入浴客は貧しい者から元老院議員のような貴顕まで、幅広い身分の人々が利用した。そのことを次の話が如実に物語っている。

皇帝ハドリアヌスがある公共浴場を訪れたとき、老人たちが浴室の壁に背中をあててもぞもぞと動いていた。「何をしているのか」という皇帝の問いに対して「私たち退役兵は貧しいので奴隷に背中を流してもらうことができずに、こうやって壁に背中を擦り付けて洗っているのです」と答えた。皇帝は哀れに思い「これで奴隷に洗ってもらえ」と小銭を渡した。別のとき、ハドリアヌスが公共浴場を訪れると老人たちが浴室の壁に背中をあててもぞもぞと動いていた。「皇帝、私たちは貧しいので背中を洗ってもらえないのです」と声をかけてきたので、「一列に並んで互いに前の背中を洗いなさい」と答えた。

## 混浴

　ローマ時代の墓に「風呂、ワイン、恋愛は肉体を堕落させるが、人生を楽しくする」と記されている。浴場は身体を清潔に保ち、憩いをもたらしてくれる場所だったはずである。確かに多くの公共浴場はその通りだったが、ポンペイのような地方都市でさえ公共浴場のほかに個人経営の浴場があった。その中には社交クラブのような浴場もあり、浴室の壁にさまざまな男女交合の場面が描かれているので、上記の言葉を認めざるを得ない。

　浴場施設はさまざまな方法で運営された。入口は男女別々で、中庭を男女で共有するが、浴室は男女の区画に分けられている施設もあった。しかし、ほとんどは単一の区画しかなく、午前中は女性用、午後は男性用として使用された。このことは、若い女性たちが男たちと風呂を共用していたというローマ時代の風刺詩人たちの言葉と矛盾することになる。当時の社会風俗を正確に復元することは難しいものの、ハドリアヌス帝が混浴を明確に禁止しているので、少なくとも混浴が存在したことは確かである。

　混浴に関しては当時の温泉も参考になる。たとえばナポリを展望することのできる風光明媚な避暑地であり避寒地でもあったバイアは、ローマ帝国でもっとも名高い温泉地だった。治療効果の高い温泉として多くの人々が集まるようになると、貴族や金持ちの別荘が立ち並ぶ社交場と化していった。共和政時代の詩人エンニウスは紀元前2世紀の前半という早い段階にバイアを「娯楽と遊び」の土地としている。紀元前1世紀末のキケロにとっては「快楽と愛と裏切り」の、セネカにとっては「悪徳」の土地だった。また、1世紀後半の風刺詩人マルティアリスにとっては「乙女が共通の宝物になるだけでなく、多くの老人が若返り、多くの若い男子が女らしくなる」土地だったようである。

## ローマ浴場の衰退

　3世紀に入るとローマ帝国全体が混乱の時代を迎える。それ以前のように最新設備を整えた新たな浴場が建設されるのは珍しくなり、都ローマでもディオクレティアヌス浴場の建設が唯一の例外だった。4世紀に入ると水道施設の荒廃によって公共浴場のような大規模浴場は維持困難となっていった。その一方で、コンスタンティノポリスを都とするビザンチン帝国では新たな浴場建設が行われた。東ローマ帝国に継承されたローマの浴場文化は、やがてイスラム圏に継承され、現在でも中近東の都市ではローマ浴場を彷彿とさせる浴場を見ることができる。

# テルマエと美術

芳賀京子（東京大学教授）

## 《垢を掻く人》とアグリッパ浴場

　《垢を掻く人》と呼ばれる有名なギリシャ彫刻がある（参考図版1）。ヴァティカン美術館所蔵の大理石像はローマ時代につくられたコピーだが、オリジナルはブロンズ像で、アレクサンドロス大王の肖像彫刻を任せられたことでも知られる大彫刻家リュシッポスの作品だった。全裸のアスリートが左足に体重を掛けてゆらりと立ち、前に伸ばした右の二の腕の下に左手に持ったストリギリス（肌かき器）を当て、汚れを掻き取る姿を表している。いささか垢じみたタイトルが残念だが、鍛え抜かれた身体が運動後の疲れの気だるさのなかで緩やかに動くさまを見事に表現した傑作だ。1世紀にプリニウスが『博物誌』のなかで記しているタイトルは「アポクシュオメノス」、つまり「掻き取る人」であって、「垢」という単語は入っていないのだが、日本では風呂での「垢すり」のイメージが強いためか、この名で呼ばれている。古代のアスリートが裸体に油を塗って土の運動場で格闘技などをしていたことを考えると、彼がストリギリスで掻き取っているのは、垢というよりむしろ油混じりの土なのだろう。激しい運動のあとにリラックスして、さまざまなポーズで身体の汚れを落とすアスリートという主題は、古代ギリシャの芸術家たちの心をとらえたらしく、リュシッポス以外にも何人もの彫刻家や陶画家が、ストリギリスを使う若者たちの姿を作品にしている（参考図版2、pp. 18–19上段）。

　オリジナルのブロンズ像はおそらくオリンピックのような競技祭で優勝したアスリートの像としてつくられ、ギリシャのどこかの神域あるいは町の広場などに立てられたと推測される。彼の偉業を長く記憶にとどめるために、彫像の台座には彼の名、競技種目、優勝回数などが刻まれていたはずだ。だがギリシャがローマに征服されるなかで、この像は台座から外され

参考図版1
垢を掻く人　※50年頃のコピー
（オリジナルはリュシッポス作、
前320年頃）
ローマ出土
ヴァティカン美術館、
ピオ・クレメンティーノ美術館

参考図版2（pp. 18–19上段）
ストリギリスを使う若者たち
アッティカ赤像式キュリクス
コドロスの画家
前430年頃
ヴルチ出土
大英博物館

てローマへと運ばれ（重量のある台座は、略奪の際は現地に放置されるのが常だった）、アスリートの名前や優勝の事実は忘れ去られた。

　ローマで《垢を掻く人》を手に入れたのは、初代皇帝アウグストゥスの忠実な右腕、アグリッパだった。彼は前25年にローマで最初の大規模公共浴場を建設した。当初はサウナ風呂だったが、前19年にウィルゴ水道の建設とともに、これはふんだんな水を使用する本当の意味での大規模公共浴場、テルマエへと変貌した。浴場の西側には、人工池と水路と森がつくられた。おそらくこの改修時に、アグリッパは《垢を掻く人》を浴場前に設置したのだろう[1]。前12年にアグリッパが没すると、このテルマエおよびそれに隣接する庭園はローマ市民に遺贈された（カッシウス・ディオ『ローマ史』54.29.4）。それから25年以上を経て、第2代皇帝ティベリウスがこの像に惚れ込んで自分の寝室に持ち込み、テルマエに別の像を置くと、大衆はこれに激怒し、《垢を掻く人》を返せと叫び出したという。ティベリウスはしぶしぶ、《垢を掻く人》をもとの位置に戻すはめになった（プリニウス『博物誌』34.62）。

　それにしても、浴場やその周辺にはおそらく何十体もの彫像が飾られていただろうに、よくぞ入れ替えに気づいたものだ。このエピソードは、人々がテルマエの彫像を意外によく観察し、愛着を感じていたことを示している。ギリシャ美術に通暁した教養人は、これがギリシャ彫刻家の手になる有名なアスリート像だと認識していただろうが、大衆にそうした知識があったとは思えない。彼らはこの像のことを、自分たちと同じように、テルマエでストリギリスを使い、汗を落としたり、身体に塗った余分な油を掻き取ったりしている人物として眺めたことだろう。あるいはこの像を、アグリッパ浴場の看板作品のようにみなしていたかもしれない。

　ローマの大衆にとってテルマエは、裸であるがゆえに身分差をあまり意識せず、我が物顔で振る舞える場所だったに違いない。エリートのセネカが、テルマエの下品な騒々しさに対して不平をこぼしているのもそのせいだろう（『ルキリウスへの手紙』56.1.2、p. 6参照）[2]。そもそもアグリッパが遺言でテルマエをローマ市民に残したというのも、そこの主人公が大衆だったことを感じさせる逸話である。

## カラカラ浴場と大理石彫刻

　テルマエは、豪華な彫刻群によって壮麗に飾られていた。ローマ帝国内のテルマエの彫像を網羅的に研究したマンデルシャイトによれば、皇帝その他の肖像を除くと、多いのは酒神ディオニュソスとその眷属、医神アスクレピオスや健康女神ヒュゲイア、ヴィーナス（アフロディテ）やエロスなどの美や愛の神、河神やニンフなどの水を司る神、そしてヘラクレスや運動選手の像だという[3]。公共浴場が豊かな水の恵みを享受する癒しと娯楽の場所であり、身体を美しく健康に保つための施設だったことが窺える。また同時に、公共浴場の源流として

挙げられるもののなかにギリシャの大規模な運動場に付属する水浴場や、アスクレピオス神域の温浴施設があることを考えると[4]、医神や運動選手の像はそうした起源を示してもいるのだろう。

　具体的な例を見てみよう。こと彫像に関しては、3世紀初頭に建設されたローマのカラカラ浴場が、多数の作品が発見された場として知られている[5]。この遺跡は、早くも16世紀には大々的に発掘されているため、正確な出土記録が残っていない作品が多いのだが、建築自体に残された彫像用のニッチの数を数えると、運動場周辺（48〜50個）とフリギダリウムおよびプール（42個）が圧倒的に多く、テピダリウム（10個）、北東ファサード（8個）と続く。カルダリウムはゼロである。古代ローマ人の風呂の入り方は、熱いカルダリウムに短時間入り、涼しいところで長い時間くつろぎ、飲み食いし、文化的娯楽に興じるというものだったから、これは理にかなっている。

　出土彫刻のなかで最も有名なのは、高さが3.17メートルもある巨大な《ファルネーゼのヘラクレス》（参考図版3、p. 104）だろう。これはリュシッポスの《休息するヘラクレス》をおそらく拡大コピーしたもので、コピー制作者が「アテネ人グリュコン」という自身の署名を棍棒の下の岩に刻んでいる。髭や口、目のまわりにまでドリルが多用されており、カラカラ時代に彫られたと考えられるが、小山のような身体や筋肉の量塊感は見事で、見る者を圧倒せずにおかない。後ろに回した右手には、3つのリンゴを握っている。世界の果てにあるヘスペリデスの園のリンゴを取ってくるという普通の人間には不可能な難行を、ヘラクレスは超人的な力でやってのけたのだ。だがさしものヘラクレスも疲労困憊といった様子で、巨大浴場に癒しを求めているようにも見える。

　1体でも圧巻のこの巨像は、単体で眺められていたのではない。16世紀半ばの発見時のスケッチによれば、この巨像はカラカラ浴場のフリギダリウムの隅の、円柱と壁の間で見つかったようだが、同じ部屋からは実はもう1体、断片的ではあるがほぼ同じ大きさの《休息するヘレクレス》の巨大コピーが出土したらしい（カゼルタ王宮所蔵）。カラカラは巨大浴場のフリギダリウムにヘラクレス巨像を2体、対にして設置したのである。

　ローマ人は対作品を左右の対称の位置に配することを好んだ[6]。たとえば小アジアのエフェソスのウェディウス浴場の「皇帝の間」では、中央のニッチの左右に着衣のユノ女神とウェヌス女神、そのさらに外側の左右に医神アスクレピオスと健康女神ヒュゲイア、左右の壁面に《円盤投げ》と別のアスリート、一番端の左右には浴場建設の費用を負担したプブリウス・ウェディウス・アントニヌスとその妻フラウィア・パピアナの肖像が置かれていた。同一作品のコピーを左右対称に設置することもしばしば行われた。北アフリカのキュレネの浴場のフリギダリウムでは、《三美神》のコピーが2体、左右のそれぞれの円柱と壁の間に線対称に置かれていた。カラカラ浴場でも、正確な出土位置は不明だが、ポリュクレイトスの《槍を持つ人》のコピーが2体、ミュロンの《円盤投げ》のコピーもおそらく2体見つかっており、左右対称を意識して置かれていたのではないかと推測される。《クニドスのヴィーナス》と《海から上がるヴィーナス》（p. 111、

参考図版3（p. 104）
ファルネーゼのヘラクレス
※グリュコンによる3世紀初頭のコピー
（オリジナルはリュシッポス作
《休息するヘラクレス》、前320年頃）
ローマ、カラカラ浴場出土
ナポリ国立考古学博物館

参考図版4
ファルネーゼの牡牛
3世紀初頭
（オリジナルはアポロドロスとタウリスコス作
《ディルケの処罰》、前2〜前1世紀）
ローマ、カラカラ浴場出土
ナポリ国立考古学博物館

No. 109参照）のコピーも見つかっており、これらも同じ女神の裸体像同士ということで、対作品として設置されていたのかもしれない。

　カラカラ浴場で出土したなかでもうひとつ、有名な作品に「大理石の山」と称された《ファルネーゼの牡牛》（参考図版4）がある。上部のかなりの部分が近代の修復だが、それでも高さ3.7メートルという大きさはおおむね正しいはずだ。巨大さから考えて、運動場の一方に設置されていたと考えられる。これは先王の娘のアンティオペを虐待した新王の妃のディルケを、ゼウスとアンティオペの息子であるゼトスとアンフィオンが牡牛に繋ぎ、引きずり回して殺すという神話を表している。一見すると浴場にふさわしい主題とは思われないが、実はディルケはディオニュソスの信者で、この後、ディオニュソスによって清らかな泉に変えられる。つまりこの群像は、豊富な水の恵みを表しているのだ。下の地面の周囲に浮彫りされている猪、鷲と蛇、ライオンと鹿、羊、岩場の木々なども、豊かな生命を育む泉の力を暗示している。

## 床モザイク

　公共浴場は、数多くの彫刻で飾られていただけではない。床や壁、天井といった建物自体にも、豊かな装飾が施されていた。壁面や天井の装飾までが現存する遺構は少ないが、それでもポンペイの浴場などを見ると、壁面はフレスコで彩色され、天井には繊細なストゥッコ（漆喰）装飾が施されている。一方、床面に関しては、ローマ帝国の数多くの都市の浴場から、さまざまな床モザイクが見つかっている。水に強いモザイクは、風呂場の床に最適の装飾技法だった。1世紀から2世紀には、白色と黒色の石片のみを用いる白黒モザイクが好んで用いられた。

参考図版5
ネプトゥヌスのモザイク
139年頃
オスティア、「ネプトゥヌス浴場」出土

　ローマの外港オスティアの「ネプトゥヌス浴場」と呼ばれる公共浴場（139年完成）の例を見てみよう[7]。東側に並ぶ広々とした3つの部屋に白黒モザイクが残されており、どれにも床面いっぱいに神話の世界の海の光景が表されている。東の玄関から入ってすぐの大広間には、全裸の海神ネプトゥヌス（ギリシャのポセイドン）が4頭の海馬に乗って海を駆け、そのまわりを下半身が魚の姿をしたトリトンや海馬、キューピッドが手綱を引くイルカ、あるいは人間の男性など、さまざまな生物が生き生きと泳いでいるさまが表されている（参考図版5）。その南側の広間のモザイクの中心はネプトゥヌスの伴侶のアンフィトリテで、マントでわずかに左脚を覆っただけの姿で、海馬の背中に寝そべるようなポーズで乗っている。この2部屋はどちらも外から直接入ることができる位置にあるため、脱衣や入浴の合間のくつろぎの場として使用されたと考えられる。ネプトゥヌスの広間の北側には、広々としたフリギダリウムが続く。ここの床の白黒モザイクの中心は、海の怪物スキュラだ。彼女は上半身が女性の姿だが、腰からは何頭もの犬の半身が生えており、船を襲ってその舵を振り回す。この冷浴室にはふたつの大きな水風呂の浴槽があるから、入浴者たちはスキュラになった気分で、盛大に水飛沫をあげて水浴を楽しんだことだろう。海の神話の登場人物はどれも公共浴場にふさわしく、人々を開放的な気分に誘ってくれる。

　モザイクの主題は、時に部屋の用途と密接に関係している。ネプトゥヌス浴場西側の、運動場（パラエストラ）に面した広間には、拳闘や総合格闘技の選手の練習場面が白黒モザイ

クで表されている。一方、東玄関脇のトイレの床を飾るのは、ナイル川の情景を表したモザイクだ。ナイル川風景は異国情緒あふれる装飾モチーフとして、紀元前2世紀末以降、ローマ世界で大いに流行した。だがここでのナイル川モチーフは、単なるエジプト趣味というだけではない。古代ローマの公衆トイレは、多人数が同時に使用できるように、上面に穴がいくつも開いたベンチ状の長い便座が壁際に伸びるという形をしていた。そしてその座面の下には、浴場からあふれた水が、ナイルの流れのように、常にふんだんに流れているのだ。

　ローマの大衆は、ギリシャ彫刻の傑作である《垢を掻く人》も《休息するヘラクレス》も、神々が躍動する神話の海の世界も、遠いナイル川の風景も、テルマエという現実のコンテクストに重ね合わせて楽しんだ。古代ギリシャ由来の「高級な」美術が、ここではその様相を変え、大衆の娯楽のために供されているのである。

1　F. Yegül, *Baths and Bathing in Classical Antiquity*, Cambridge (Mass.), 1992, pp. 133-137. これに対してA. H. Kontokosta, "Building the Thermae Agrippae: private life, public space, and the politics of bathing in Early Imperial Rome," *American Journal of Archaeology*, 123, 2019, pp. 45–77は、アグリッパ浴場はもとは私的なものとして建設され、彼の死後に遺言によって「公共」浴場となり、《垢を掻く人》もそのときに置かれたのではないかと述べる。しかし私的浴場とテルマエでは、規模はまったく違うだろう。

2　公共浴場の危険や負の側面については、K.M.D. Dunbabin, "Baiarum grata voluptas: pleasures and dangers of the baths," *Papers of the British School at Rome*, 57 (1989), pp. 6-46; ロバート・クナップ『古代ローマの庶民たち 歴史からこぼれ落ちた人々の生活』白水社、2015年、66-72頁。

3　H. Manderscheid, *Die Skulpturenausstattung der kaiserzeitlichen Thermenanlagen*, Berlin 1981.

4　G.G. Fagan, "The genesis of the Roman public bath: recent approaches and future directions," *American Journal of Archaeology*, 105 (2001), pp. 403-426.

5　M. Marvin, "Freestanding sculptures from the Baths of Caracalla", *American Journal of Archaeology*, 87 (1983), pp. 347-384; M. B. Gensheimer, *Decoration and Display in Rome's Imperial Thermae. Messages of Power and their Popular Reception at the Baths of Caracalla*, Oxford 2018. ナポリ国立考古学博物館所蔵の作品については、C. Gasparri (ed.), *Le sculture farnese, III. Le sculture delle Terme di Caracalla, rilievi e varia*, Napoli 2010.

6　H.-U. Cain, "Copie dai 'mirabili' greci," in: S. Settis (ed.), *I Greci. Storia, cultura, arte, società*, II,3, Torino, 1998, pp. 1221-1244.

7　G. Becatti (ed.), *Scavi di Ostia, 4. Mosaici e pavimenti marmorei*, Roma, 1961, pp. 47-60; J.R. Clarke, "Mosaic workshop at Pompeii and Ostia Antica," in P. Johnson, R. Ling, D.J. Smith (dir.), *Fifth International Colloquium on Ancient Mosaics, Bath, September 5-12, 1987*, I, Ann Arbor, 1994, pp. 89-102.

お風呂でつながる――古代ローマと日本

ストリギリスを使う若者たち　p. 12　参考図版2

肌競花の勝婦湯（部分）　pp. 144–145下　No. 126

大風呂

七湯の枝折（部分）　pp. 150-151下　No. 135

古代ローマの公共浴場の想像復元CG

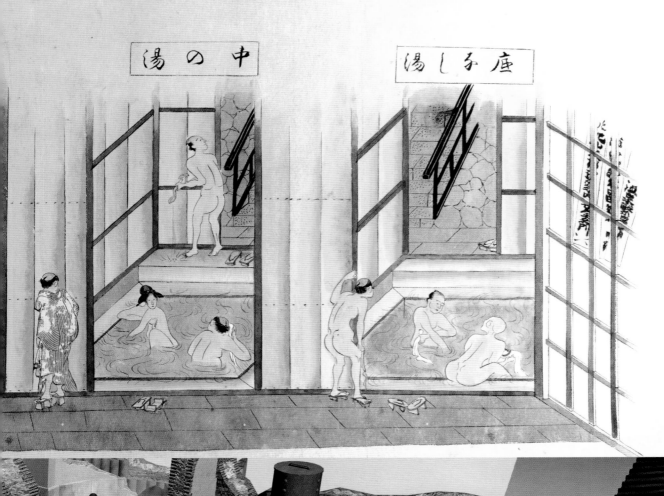

中 の 湯　　　　底 し 子 湯

有馬温泉寺縁起絵巻（部分）　p. 129　No. 112

ヘタイラ（遊女）のいる饗宴（部分）　p. 42　No. 18

参考図版
**アグリッパ胸像**
1世紀前半（オリジナルは前1世紀末）
ガビイ出土
ルーヴル美術館

ローマ市最初のテルマエを建設したアグリッパの胸像。頭部に見られる波打つような表面と微妙な階調の陰影は、ヘレニズム末期の特徴である。

アグリッパやカラカラ帝の肖像は、日本ではデッサン用の石膏像として知られている。こうした石膏像は、日本に最初に広まったギリシャ・ローマ美術だった。1876年に開校した工部美術学校の彫刻科の教師として来日したヴィンチェンツォ・ラグーザは、その教材として大量の石膏像を日本にもたらした（現在は東京大学工学部所蔵）。最初期の学生のなかには、卒業後まもなく石膏像販売を立ち上げた菊地鋳太郎がいた。(K.H.)

テルマエとは「熱い」という意味のギリシャ語「テルモス」に由来し、狭義には皇帝らによって建設された大規模公共浴場を、広義には古代ローマの版図内の公共浴場全体を指す。4世紀に記された2種類の『ローマ市総覧』によれば、当時ローマ市内には大規模な公共浴場は11を数え、小規模なものにいたっては約900軒にのぼっていたという。

ローマ市で最初のテルマエは、初代皇帝アウグストゥスの右腕であり女婿にもなったアグリッパによって、市壁外のカンプス・マルティウスに建設された。前31年、アクティウムの海戦に勝利し、エジプトを滅ぼしローマの内戦に終止符を打つと、アグリッパは自身の所有となった土地を市民のために整備し、公共浴場を建設したのである。この浴場は、紀元前25年の建設時には水道の供給がないサウナ風呂（ラコニクム）だったが、数年後には熱い湯をふんだんに使用する正真正銘のテルマエに改築された。のちにはネロ帝が、そのすぐ西側に別の浴場を建設している（60〜64年頃）。

ローマ市の中心部には、大規模なテルマエはなかなか建設されなかった。そうしたなか、64年のローマの大火は、都市中心部の古い街並みを焼き尽くした。復興にあたったネロ帝は、建物の高さ制限を設けるなど安全な都市を目指したのだが、都市中心部の焼け跡には、自身のための広大な黄金宮殿を建設した。やがて彼は人々の支持を失い、自殺に追い込まれてしまう。続くフラウィウス朝の皇帝は、黄金宮殿の広い跡地を利用して、大衆が喜ぶコロッセウムやティトゥス浴場を建設した（80年）。109年にはトラヤヌス帝が同じ場所に、さらに巨大な浴場を完成させた。

ローマ市内のテルマエで今も地上に遺構がよく残っているのは、アッピア街道沿いに216年に建設された有名なカラカラ浴場と、ローマ市で最大のディオクレティアヌス浴場（306年頃）である。後者は現在のテルミニ駅の目の前（北西）に位置し、ローマ国立博物館の一部やサンタ・マリア・デッリ・アンジェリ聖堂として使用されている。帝国内のその他の都市でも、数多くのテルマエ遺跡が見つかっている。古代ローマ人は温泉も利用した。ドイツのバーデン＝バーデン（古代のキウィタス・アウレリア・アクエンシス）、イギリスのバース（古代のアクアエ・スリス）といった現在よく知られる温泉地には、ローマ時代の浴場の遺構が残っている。

しかし大規模なテルマエの運営には、水道の管理・維持に加え、大量の燃料と奴隷を必要とした。温泉地にしても、たとえ温泉の利用は続いたとしても浴場施設が維持されることはなかった。そのため古代ローマの風呂文化は、中世には消え去ってしまったのである。(K.H.)

カラカラ帝胸像
212〜217年
大理石
全体の高さ65cm（古代部分は51cm）
ナポリ国立考古学博物館　inv. 6033

カラカラ帝は額に皺を寄せて眉をひそめ、口元を引き結び、首をねじり右方に鋭い視線を向ける。16世紀の博物学者ウリッセ・アルドロヴァンディによれば、ファルネーゼ家によるカラカラ浴場の発掘によってこの皇帝の全身肖像が発見されたが、破損したため胸像につくり替えられたという。本作品がその肖像だという指摘もある。

カラカラ帝はセプティミウス・セウェルス帝の息子で、帝国のすべての属州市民にローマの市民権を与えた（アントニヌス勅令）ことや、ローマに巨大な浴場を建設したことで知られる。彼の肖像は、続く「3世紀の危機」と呼ばれる時代の軍人皇帝たちの手本となった。(K.H.)

カラカラ浴場・プール（ナタティオ）の想像復元CG

カラカラ浴場平面図

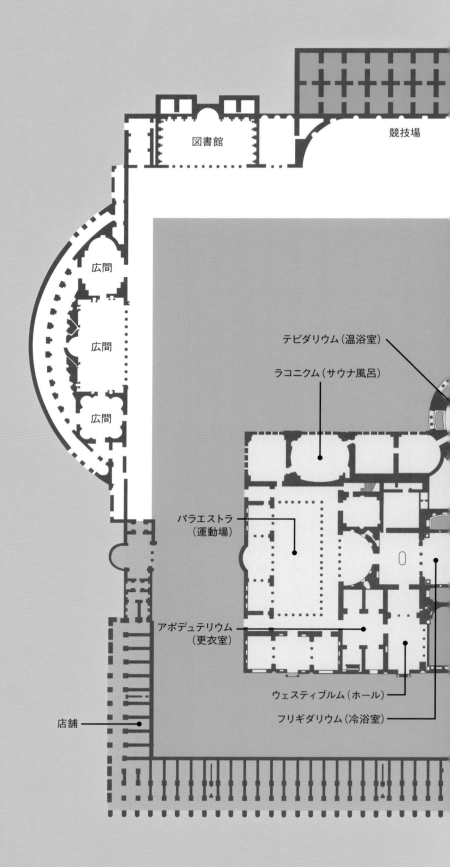

図書館

競技場

広間

広間

広間

テピダリウム（温浴室）

ラコニクム（サウナ風呂）

パラエストラ
（運動場）

アポデュテリウム
（更衣室）

ウェスティブルム（ホール）

フリギダリウム（冷浴室）

店舗

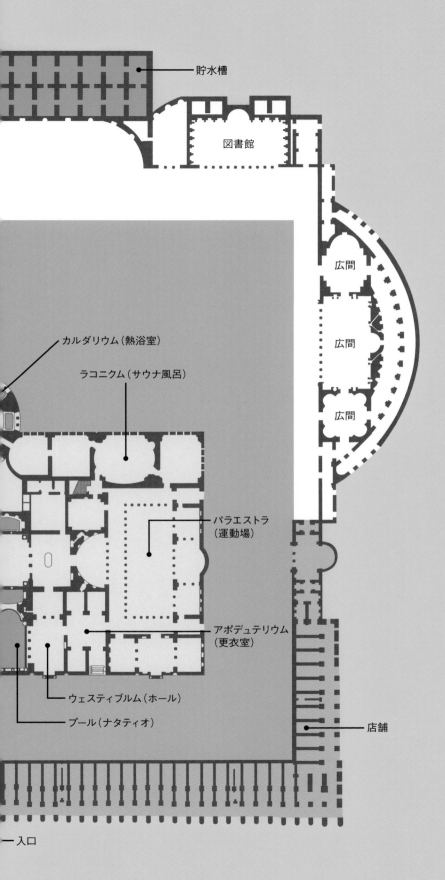

貯水槽

図書館

広間

広間

広間

カルダリウム（熱浴室）

ラコニクム（サウナ風呂）

パラエストラ
（運動場）

アポデュテリウム
（更衣室）

ウェスティブルム（ホール）

プール（ナタティオ）

店舗

入口

熱浴室（カルダリウム）の想像復元CG

仕事のあとは、
毎日テルマエでのんびり
そして、特別な日は、
見世物に熱狂

皇帝からの
「パンとサーカス」という
プレゼントに
大衆はご機嫌

# 第1章 古代ローマ都市のくらし

　古代ローマ人は、古くは質実剛健を旨とし、農業こそが富の正しい源であると考えていた。だが紀元前2世紀以降に地中海全域に勢力を拡大し、圧倒的な富を手に入れると、古き美徳は忘れ去られ、その生活も変容していく。富める者はいよいよ広大な土地を所有し、しかし農作業はすべて奴隷にまかせ、自身は都市に住んで政治活動に熱中した。富裕な者たちの家には、外からの人が出入りする区画とは別に、家の奥にある中庭の周囲にプライベートを楽しむ空間が設けられ、しばしば友人たちを招待して豪華な饗宴が催された。

　土地を失った者たちもまた都市に流入し、日雇労働で生計を立てるようになった。ローマをはじめとした大都市には、政府高官、貴族、商人、職人、日雇い労働者、奴隷たちなど多様な人々がひしめくようにくらすようになる。帝政初期には、ごく一部の特権階級と、増加する「大衆」の格差はかつてないほどに広がっていた。下層民が住むのはインスラと呼ばれる高層の集合住宅で、住空間は極めて狭く、水道もなければ台所や風呂の設備もなかった。

　皇帝たちは大衆の不満を解消すべく、食糧の施与や見世物など娯楽の提供という施策を行った。1世紀末から2世紀初頭の風刺詩人ユウェナリスは、これを「パンとサーカス」と呼んで皮肉っている。サーカスは、字義としてはキルクス（戦車競技場）を指すが、見世物という意味では剣闘士試合や演劇なども含んでいる。それに加えてテルマエも、大衆からの人気を得るのに大いに役立った。何人もの皇帝が、ローマ市に巨大なテルマエを建設した。庶民たちのくらしは特別な日の見世物と、毎日の仕事のあとのテルマエによって彩られていたのである。(K.H.)

# 1-1. 庶民の日常

　都市に住む庶民の家には、水道もなければ台所もない。調理するといって
も、火鉢で温めるくらいだっただろう。朝食はパンやチーズやドライフルーツ
などで簡単に済ませ、仕事に向かう。もっとも街中には、テイクアウトができ
る居酒屋や食堂も豊富にあったから、1日の終わりには温かいものも食べる
ことができたはずだ。

　パトロヌス（保護者）がいる者は、朝一番にその家へ挨拶に行かなければ
ならない。その後、パトロヌスに従って街の広場（フォルム）周辺へ出かける
こともあっただろう。職人たちは工房や現場へ、商業に関わるものは店舗や商
取引の場へ赴いたことだろう。市場や店舗に買い物に出かける者たちもいた
はずだ。ローマ市には商業用の市場もあった。「牛市場（フォルム・ボアリウム）」、「豚市場（フォルム・スアリウム）」、
「高級食材市場（フォルム・クッペディニス）」、「青果市場（フォルム・ホリトリウム）」、「魚市場（フォルム・ピスカリウム）」、「ワイン市場（フォルム・ウィナリウム）」があったこと
が知られている。ワイン市場で廃棄された膨大な量のワイン壺の破片は、今
もテヴェレ川沿いにテスタッチョと呼ばれる小山として残っている。(K.H.)

皇帝からのパンの施与で、
大衆は食べるには困らなかった
帝政期には、
パンの種類も多様化

2
炭化したパン
79年
ポンペイ出土
直径20cm
ナポリ国立考古学博物館　inv. 84595

パニス・クアドラトゥスと呼ばれる典型的なかたちのパン。分けやすいように放射
状に切れ目がいれてある。パンは家庭でつくられることもあったが、パン屋で製造
されることの方が多かった。帝政期には、白パン、麩パン、黒パン、揚げパン、長期
保存が可能な「軍事用」パンなど、さまざまなパンが製造されていた。(K.H.)

3
秤
1世紀
青銅、銀象嵌
高さ52.1cm、竿：長さ37cm、
皿：直径16cm
多摩美術大学美術館

竿秤はローマでよく使われた計量器
具である。竿の長い方には数字が刻
まれており、人物像の錘を横に移動
させ重さを量る。竿のもう一方には
蛇の頭のかたちをした掛け釘が下げ
られ、4本の鎖で吊された皿の上に
量るものを乗せて使用した。錘は、鎧
をつけ葉冠をかぶる皇帝らしき男性
の胸像を表している。皿には葉綱模
様が銀の象嵌（ある素材に異質の素
材をはめ込む技法）で表されるなど、
精巧な細工が見られる。(T.O.)

4

共和政期のデナリウス銀貨
（アポロ神／4頭立戦車）

前90年頃
ローマ
直径1.88cm、重さ3.5g
岡山市立オリエント美術館

5

共和政期のデナリウス銀貨
（ディアナ女神／猟犬）

前74年
ローマ
直径1.72cm、重さ3.5g
岡山市立オリエント美術館

6

トラヤヌス帝の属州銅貨
（トラヤヌス帝／ウィクトリア）

112/3年
リュコス河畔のニコポリス（ポントゥス属州）
直径2.36cm、重さ8g
岡山市立オリエント美術館

7

属州銅貨
（コンモドゥス帝か？／アルテミス・
エフェシアの像とテュケ女神）

177〜192年頃
アクラソス（リュディア）
直径3.33cm、重さ21g
岡山市立オリエント美術館

8

フィリップス・アラブス帝の属州
銅貨
（フィリップス・アラブス／テュケ
女神）

247〜249年
ニシビス（メソポタミア）
直径2.68cm、重さ10g
岡山市立オリエント美術館

9
アウグストゥス帝の1/2アウレウス金貨
（クイナリウス・アウレウス）
（アウグストゥス帝／トガ姿のガイウスとルキウス・カエサル）
前2〜後4年
ルグドゥヌム（リヨン）
直径1.9cm、重さ7.8g
平山郁夫シルクロード美術館

10
ハドリアヌス帝のアウレウス金貨
（ハドリアヌス帝／ユピテル）
119〜120年
ローマ
直径1.9cm、重さ7.33g
平山郁夫シルクロード美術館

ローマの貨幣は、前23年に初代皇帝アウグストゥスに
よって価値が体系的に改められた。金貨（アウレウス）、
銀貨（デナリウス）、真鍮貨（セステルティウス）、銅貨（ア
ス）などがあり、1アウレウス＝25デナリウス＝100セス
テルティウス＝400アスと定められた。属州では、独自
の硬貨も発行された。
　庶民が日常的な買い物に用いたのは銅貨だった。1アス
銅貨で普通のワイン1リットルを購入することができたよ
うだ。公共浴場の入浴料は無料か4分の1アスと安く、一
般の人々はほぼ毎日通うことができた。(K.H.)

11
カラカラ帝のテトラドラクマ銀貨
（カラカラ帝／鷲）
215〜217年
アラドス（フェニキア）
直径2.7cm、重さ14g
平山郁夫シルクロード美術館

公共浴場の入浴料は、ワイン1リットルの値段の4分の1という安さ

# 1-2. 娯楽

　古代ローマでは誰もが楽しめる娯楽として、戦車競走、剣闘士試合、演劇などの見世物が発達した。本来は祝祭や葬祭の一環として催されたものだが、時代が下るにつれ大衆の支持を得るという政治的な目的が比重を増し、開催頻度も増していった。

　最も古くから行われていたのは戦車競走で、4チームが勝敗を競う。各チームには固定のファンがついていた。剣闘士試合は、午前中の猛獣ショーに続いて午後に行われることが多かった。円形闘技場ではほかに、公開処刑や模擬海戦などが催されることもあった。ローマの演劇は帝政期には喜劇が主で、男性俳優が仮面をかぶって即興的に演じるアテラナ劇、女優も加わるがそれだけに好色な場面も多いミムス劇、台詞のないパントミムス劇が人気を博した。戦車競走の御者や剣闘士や俳優は、奴隷やそれを職業としている自由人で、決して身分は高くはない。しかし彼らのなかには、大成功を収めて富と名声を手に入れる者もいた。(K.H.)

12
悲劇の仮面を表した軒瓦（アンテフィクス）
1世紀
ポンペイ出土
白大理石
高さ31cm
ナポリ国立考古学博物館　inv. 6615

古代ギリシャでもローマでも、演劇は仮面を付けた俳優によって演じられた。実物は木や革などでつくられていたらしく、現存しない。軒瓦に表されたこの仮面は、美しく整えられた長い巻き毛と長い髭、頭に巻かれた長い細帯が特徴的である。2世紀のギリシャ人修辞学者ユリオス・ポリュデウケスの辞典『オノマスティコン』には何種類もの演劇仮面についての記述があるが、これはそのなかの「白髪の老人」ではないかと考えられる。(K.H.)

13

2つの仮面を表した浮彫
1世紀
カプア出土
テラコッタ
縦34.5cm、横66cm
ナポリ国立考古学博物館　inv. 21423

ふたつの男性の仮面を表した浮彫。4隅に釘で固定するための穴が開いている。表面には彩色の
痕跡がある。向かって右は「剛毛の奴隷」、左は「美しい若者」にも見えるが、耳が尖っているので
サテュロスかもしれない。背後に表されたシュリンクス（葦笛）、テュルソス（松笠のついた杖）、ペ
ドゥム（牧者の杖）は、演劇の神でもあるディオニュソスやその眷属のアトリビュートである。(K.H.)

14

劇場の舞台建築ファサード
（スカエナエ・フロンス）の模型
前3～前2世紀
テラコッタ
縦33cm、横28cm
ナポリ国立考古学博物館　inv. CS. 362

古代ギリシャの劇場建築は、扇形の階段席の中心の
低い位置に円形舞台（オルケストラ）があるだけだっ
たが、ヘレニズム時代以降、その奥に高い舞台と、背
景となる舞台建築ファサード（スカエナエ・フロンス）
が発達した。この模型は2階建てのスカエナエ・フロ
ンスを表している。イオニア式円柱の間には舞台裏へ
の出入り口があり、右端には劇場の外への通路があ
る。(K.H.)

15
兜
75〜79年
ポンペイ、大劇場の回廊（VIII 7,16-17）出土
青銅
高さ34cm、幅33cm
ナポリ国立考古学博物館　inv. 5642

剣闘士の装備にはいくつかの種類があり、それによって対戦相手もある程度決まっていた。この兜はレティアリウス（投網剣闘士）との対戦に特化したセクトル（追撃剣闘士）のもので、投網にひっかからないよう凹凸の少ない楕円形になっている。目をくり抜かれないよう、目の部分の開口部は極めて小さい。セクトルはほかに、まっすぐな短剣（グラディウス）と長方形の盾（スクトゥム）で武装した。(R.C.)

16
兜
1〜50年
ポンペイ、大劇場の回廊（VIII 7,16-17）出土
青銅
高さ29.5cm、幅34cm
ナポリ国立考古学博物館　inv. 5657

プロウォカトル（挑戦剣闘士）の兜。額の部分は嘴に冠をくわえた鷲、鉢の後ろは植物のモチーフで飾られており、鍔には剣闘士の武具、庇にはヘラクレスとパンの胸像が表されている。兜の鉢の側面と鍔に開いている穴には羽根が付けられていた。兜のほかに、プロウォカトルはまっすぐな短剣、長方形の盾、三日月形の金属製胸当て（ペクトラレ）で武装し、左脚に脛当て、右腕に防具（マニカ）を付けた。(R.C.)

17
剣闘士小像
ポンペイ、「マルクス・ルクレティウス・フロントの家」出土
テラコッタ
左：高さ12.4cm、右：高さ14.7cm
ナポリ国立考古学博物館　inv. 20259, 20257

同じ家から出土した2体の剣闘士のテラコッタ像。
左腕に丸盾（パルムラ）、右手で短剣（グラディウス）
を構える方はホプロマクスと呼ばれるギリシャ風の
重装備の剣闘士を表しており、先端が前にカーブし
た兜をかぶり、両脚に脛当て、右腕に防具を付けて
いる。もう1体は、兜や短剣は同じだが、左脚のみに
脛当てを付け、左腕に四角い盾を持つ。(K.H.)

# 1-3. 饗宴

　客を招いて饗宴を催すのは、家に台所や饗宴用の部屋があり料理や給仕をする奴隷たちがいる、裕福な者にのみ可能な贅沢だった。友人たちとの気の置けない宴会のこともあれば、政治的な目論みが絡むこともあり、クリエンテス（庇護民たち）を招くこともあった。女性の参加者が遊女に限られたギリシャとは異なり、古代ローマの饗宴には市民階級の女性も参加することができた。

　饗宴の間にはコの字形に臥台が配され、そこに3～9人ほどが中央に頭を向けて寝そべり、中央にテーブルが置かれる。そしてランプの灯のもと、奴隷たちの給仕で、手掴みで前菜、主菜、デザートと続くコース料理を楽しむ。前菜には卵料理が含まれているのが常で、オリーブやレタス、チーズやソーセージなども定番だった。主菜はさまざまな肉や魚、デザートとしては果物やドライフルーツのほか、小麦粉や卵やはちみつを使った菓子も供された。ワインは水で割って飲むのが普通だった。(K.H.)

18
ヘタイラ（遊女）のいる饗宴
1世紀
エルコラーノ出土
フレスコ
縦70cm、横66cm
ナポリ国立考古学博物館　inv. 9024

1組の男女がクリネと呼ばれる臥台の上に横たわり、饗宴を楽しんでいる。あらわになった上半身に透けたヴェールをまとう女性は、おそらくヘタイラと呼ばれる高級娼婦だろう。彼女はかたわらの給仕役が持つ小箱に手を伸ばす。男性は酔った様子で、右手に持つ角杯を高々と掲げている。手前の小卓の上には、饗宴用の豪華な銀器が並んでいる。(K.H.)

19

魚のある静物
1世紀
ヴェスヴィオ山周辺地域（エルコラーノあるいはスタビ
ア）出土
フレスコ
縦54cm、横50cm
ナポリ国立考古学博物館　inv. 8638

四角く縁取られた枠内に、食品棚を表した
静物画が描かれている。棚の下段には、ひっ
くり返った籠からヒメジ2尾、イカ1杯、アサ
リ2個がこぼれ出ている。上段にはアスパラ
ガス1束とカサガイ、イカがある。左上には脚
をひとまとめに縛った鶏1羽が置かれている。
豪華な正餐用の食材なのだろう。(R.C.)

20

イチジクのある静物
1世紀
ポンペイ出土
フレスコ
縦40cm、横39cm（トンドの直径27.5cm）
ナポリ国立考古学博物館　inv. 8642

赤い壁面のなかの円形画面に、小さな花の
花輪で飾られた立体的な台の上に載った5つ
の熟したイチジクが描かれている。イチジク
は静物画の主題としてしばしば取り上げられ
たが、それは花を付けることなく木に実るこ
の果物が、古代においては神々からの贈り物
とみなされたからだった。隅には羽をむしっ
た鶏、下端には葡萄の房が見える。(R.C.)

21
葡萄を収穫するキューピッドたち
1世紀
ポンペイ、「マルクス・ルクレティウスの家」(IX 3,5)出土
フレスコ
縦51.5cm、横54cm
ナポリ国立考古学博物館　inv. 9198

白地に葡萄の収穫をするふたりのキューピッドが描かれている。ひとりははしごに登って葡萄を摘み、もうひとりは葡萄を受け取って足元の籠に入れようと両手を伸ばしている。画面の両端は金属製の燭台で区切られていたが、右側のものしか残っていない。(R.C.)

22

魚と人物
1〜2世紀
フレスコ
縦33.9cm、横34cm
個人蔵

2匹の魚が入った籠を持つ人物が描かれている。丸みをお
び、よく太った魚のようだ。古代ローマの食卓には、ウナギ
やアナゴ、ヒメジといった魚がのぼったが、比較的高価な
食材であった。魚の調理法はさまざまあり、有名なガルム
（魚醬）のような調味料にも利用されていた。フレスコ画は
下地材の上に漆喰を塗り、その漆喰が乾かないうちに顔料
で絵を描くため、色彩を保つことができる技法である。(T.O.)

24
「犬と戯れるキューピッド」ランプ
1〜2世紀
粘土
長さ11.4cm、幅8.2cm
平山郁夫シルクロード美術館

23
ランプ
前2〜後1世紀
ヨルダン出土
粘土
長さ9.8cm、幅6.9cm
岡山市立オリエント美術館

古代ローマのランプは青銅などの金属製も
あるが、大部分は粘土製で、上下ふたつの
型を用いて成形された。本体部分、嘴、把
手からなり、本体上面には注油口が、突き
出た嘴の先端には芯を入れて火を点す火
口が開いている。オイルはおもにオリーブ
油が使われた。

No. 23は上面の注油口が大きく、ローマ
帝政期以前に東地中海で普及していたタイ
プにのっとっている。嘴は三角形に尖り、
注油口の周囲（肩）の部分には植物文が施
されている。

No. 24〜28の5点は、把手がなく、本体上
面に円形状にくぼんだ部分（ディスク）がつ
くられ、注油口は極めて小さい。ディスクに
はそれぞれ、犬と戯れるキューピッド、ギリ
シャ神話の「レダと白鳥」、豹とブドウの木、
剣闘士試合、休息する剣闘士が表されてい
る。こうしたディスク装飾が施されたランプ
はローマが帝政期に移行した頃にイタリア
半島で生み出され、ローマ世界で大流行し
た。(K.H.)

25
「レダと白鳥」ランプ
1〜2世紀
粘土
長さ8.4cm、幅7.1cm
平山郁夫シルクロード美術館

26
「豹」ランプ
1〜2世紀
粘土
長さ9.2cm、幅6.5cm
平山郁夫シルクロード美術館

27
「剣闘士試合」ランプ
1〜2世紀
粘土
長さ10.4cm、幅7.3cm
平山郁夫シルクロード美術館

28
「休息する剣闘士」ランプ
1〜2世紀
粘土
長さ8.9cm、幅6.4cm
平山郁夫シルクロード美術館

29
アプリア赤像式鐘形クラテル
ハイファの画家
前4世紀
イタリア南部出土
土器
高さ30.5cm、口径41.5cm
岡山市立オリエント美術館

画面右側には、テュルソス（ディオニュソスの杖）を手に、ヒマティオン（マント）を敷いた岩に腰を下ろす男性、左側にはそれに向き合い、右手にタンバリンを掲げ、片足を岩に乗せて前屈みになるマイナス（ディオニュソスの女信者）が描かれている。男性がディオニュソス自身という可能性もある。反対の面には、厚いヒマティオンをまとい向かい合って立つふたりの人物が描かれている。クラテルは古代ギリシャの大型の混酒器で、饗宴の席でワインを水で割るのに用いられた。（K.H.）

30
鋳造杯
前1〜後1世紀
東地中海地域出土
ガラス
高さ3.6cm、径6.7cm
岡山市立オリエント美術館

古代のガラスは宝石を目指した不透明なものから始まり、金属を添加することでさまざまな色をつくり出すことが可能になった。赤色は銅を加えることで得られる。さらに鉛を添加する技術が用いられ、本作品は小さな碗ながら見た目の印象以上の重量がある。熔けたガラスを型に流し込んで成形する鋳造技法でつくられている。(T.O.)

31
台付杯
1世紀後半
東地中海周辺地域出土
ガラス
高さ16.2cm、径14.1cm
岡山市立オリエント美術館

紀元前1世紀頃に東地中海地域で吹きガラスの技法が開発されると、ガラスはそれまでより速く大量につくることが可能になった。本作品は、黄色の透明ガラスを宙吹きで成形した杯で、表面に水色の点が散らされている。スプラッシュガラスと呼ばれる技法で、細かな色ガラスを散らし自然の石の模様を模している。自然石の容器への憧れをガラス器の装飾にも見ることができる作品である。(T.O.)

32
鋳造浅鉢
1世紀
東地中海地域出土
ガラス
高さ5.8cm、口径21.7cm
岡山市立オリエント美術館

透明な赤紫色のガラスを鋳造してつくられた
鉢。外側と底部に細い線の装飾が施されてい
る。表面には銀化\*が見られるが、赤みのある
紫が美しい。マンガンを加えることで発色させ
る紫は、紫水晶を意識していたとされる。(T.O.)

\*ガラスが長期間土に埋まり、ガラスの成分と土中の成分や
　水分が化学反応を起こすことで表面に生じた皮膜に光を反
　射し、さまざまな色に見える現象。

33
リブ装飾碗
前1〜後1世紀
東地中海地域出土
ガラス
高さ7.3cm、口径14.7cm
平山郁夫シルクロード美術館

「熱垂下法」と呼ばれる技法によって成形され
た碗。切り込みの入った型を、熱した円盤状の
ガラスに押し付けて縦畝を付け、それを伏せ
た器のような型の上に乗せて再度加熱し、重
力によって型に沿った形状にするものである。
こうして付けられた縦畝文様は、銀器の模倣と
も考えられている。(T.O.)

34
ガラス杯
前1〜後1世紀
東地中海地域出土
ガラス
高さ5.6cm、口径12.1cm
平山郁夫シルクロード美術館

35
千華文の杯と皿
前1〜後1世紀
東地中海地域出土
ガラス
杯：高さ4.4cm、口径9.2cm
皿：高さ2.1cm、口径15.6cm
平山郁夫シルクロード美術館

色ガラスを組み合わせて文様を描くモザイクガラ
スの技法のひとつで、花や渦巻などのガラス片
を鋳型に敷き詰め、熔着してつくる。細かな切片
が熱で熔け精緻な文様を生み、たくさんの花が
咲いたように見えることから「ミルフィオリ（千の
花）」と呼ばれる。杯と皿がセットでつくられた例
もあり、本作品も宴席用の揃いの器であったと
考えられている。(T.O.)

36

緑釉把手付碗
前1～後1世紀
陶器
高さ12.8cm、口径10.5cm
平山郁夫シルクロード美術館

鉛を含む緑色の釉薬を用いた陶器は、製
造工程が複雑で高価な食器だった。本作
品は、小さな高台に張りのある胴部が組み
合わされており、口縁の下から胴部の最も
広がった部分にかけて把手が付いている。
胴部の形は松かさを模したと考えられてお
り、外側に向けて反るように施された多数
の突起は、松かさの鱗片が開いた状態を
思わせる。(T.O.)

高級な銀器を模した陶器

37

緑釉木蔦文把手付碗
前1～後1世紀
東地中海地域出土
陶器
高さ13.1cm、最大径7.5cm
平山郁夫シルクロード美術館

胴部に浮彫の植物文が表された陶器の碗。ふたつの把手が付い
ており、打ち出し装飾が施された銀器を模してつくられている。本
作品では全体に緑色の釉薬がかけられており、表面には光沢があ
る。古代ローマで銀器は大変高価なものであり、富裕層の饗宴に
欠かすことのできないステータスシンボルであった。銀器を模した
陶器の器は、より広範な層の人々が使用したことだろう。(T.O.)

38
動物形リュトン
1～2世紀
東地中海地域出土
ガラス
高さ24.5cm、口径6.7cm
平山郁夫シルクロード美術館

リュトンとは、角のかたちをした容器に、動物の顔と前足を装飾したもの。アケメネス朝ペルシアで生まれた酒器で、ギリシャからローマへと伝えられた。No. 18に描かれた男性がリュトンを掲げるように持ち、飲み物を飲んでいる。本作品は、淡い緑色のガラスを宙吹きして角の器形をつくり、2本の角の生えた草食獣の顔を付けている。先端には穴が空いている。高価な金属製の代わりにガラスでつくられたものが、ローマで広く普及した。(T.O.)

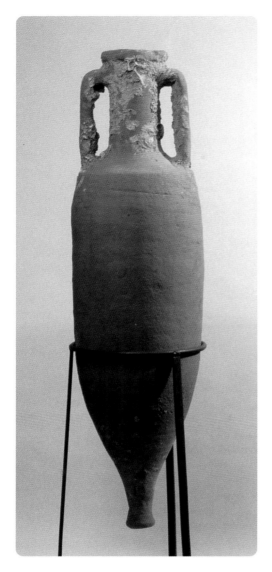

40
ワインテイスティング用管
1世紀
ポンペイ、「メナンドロスの家」(I 10,4)出土
銀
上:長さ26.3cm、下:長さ25.5cm
ナポリ国立考古学博物館　inv. 145551, 145552

銀の薄板を加工してつくられたワインテイスティング用の
管。一方は端が破損しているが、もう一方にはカーブした上
端部分が残されている。(K.H.)

39
ワイン輸送用アンフォラ
前1世紀後半～後2世紀
地中海地域出土
陶器
高さ112cm、最大径27.5cm
平山郁夫シルクロード美術館

アンフォラとは、ふたつの把手がある大型土器で、
尖った底部は、船倉への積み込みを容易にするた
めのものである。ワイン、オリーブ油などさまざま
な食料品の貯蔵・運搬用に使われたが、本作品は
ワインの輸送用に使われたと考えられている。ワ
インは帝国各地で生産されたが、なかでもラティ
ウム地方とカンパニア地方の境でつくられるファ
レルヌムは高級品として知られていた。(T.O.)

41
モルタリウム
土器
長さ39cm、幅35cm
個人蔵

乳鉢あるいはすり鉢で、注ぎ口がひとつ、把手がふたつ付
いている。ローマ時代の台所で、食物をするためや混ぜ合
わせるためによく使われた。陶製や石製などもあり、どっし
りと重く安定感のあるシンプルなかたちをしている。(T.O.)

ワインと酒の神と

42
ヒョウに乗る幼児
1～2世紀
テラコッタ
高さ13.2cm、幅13cm
平山郁夫シルクロード美術館

丸々とした体型の幼児が、マントを翻してヒョウあるいは雌ライオンの背に跨がり、体を反らせ笛を吹いている。背面は概形のみかたちづくられ、焼成の際に内部の空気を逃すための穴が空いている。
酒神ディオニュソスは東方世界を征服してヒョウに乗って凱旋したため、この幼児はディオニュソスの眷属かもしれない。あるいは、雌ライオンに乗るキューピッドという可能性もある。古代ギリシャ・ローマではしばしば完成品のテラコッタ像から型を取ってレプリカがつくられたが、その際、翼などがないヴァージョンがつくられることもあった。(K.H.)

古代ギリシャに
起源をもつテルマエは、
身分を超えて人々が集う
複合娯楽施設

アポロとニンフへの奉納浮彫（部分）　pp. 74–75　No. 66

公共の場にある浴場は、ローマ人の発明ではない。そのルーツのひとつは若者たちが運動後に身体を洗うための設備、もうひとつは医療行為として神域に設けられた入浴施設で、いずれも古代ギリシャに発している。だがそれを大衆の娯楽のために、驚くほどの規模へと発展させたのはローマ人だった。

ローマのテルマエでの入浴は、順序については諸説あるが、いくつもの浴室を巡る循環浴だったのは確かである。更衣室で衣服を脱ぐと、まず身体に油を塗って運動する。それから冷浴室（フリギダリウム）で水浴びをする。浴槽が十分に大きければ、泳ぐこともできただろう。そして温浴室（テピダリウム）で身体を慣らしてから、熱浴室（カルダリウム）で熱い湯に入る。熱で肌が柔らかくなったら、冷浴室や専用の部屋でマッサージや肌の手入れを受ける。

ローマ人にとって、テルマエは単に体を洗う場所というだけではない。身体を動かし、多くの人と交流して、心身の健康を保つための場所だった。入浴に直接関係した種々の浴室のほかに、運動場やいくつもの部屋や広間が付随していたのは、テルマエの複合娯楽施設としての性格を示している。食事や音楽を楽しむ者もいれば、朗読会が催されるなど、文化サロンのような側面もあった。トラヤヌス浴場やカラカラ浴場には、図書館までもが併設されていたことが知られている。

テルマエは社交の場であると同時に、社会階層の垣根を越えて、裸で接することが可能な場でもあった。テルマエに姿を現した皇帝すらいたという。老若男女、誰でも楽しむことができたが、混浴は禁じられていた。男湯と女湯が分けられていることもあるが、男は午前中に仕事に従事する者が多かったため、午前は女性用、午後は男性用と、時間によって使い分ける公共浴場も多かった。(K.H.)

# 第2章 古代ローマの浴場

# 2-1. アスリートと水浴

　テルマエのルーツのひとつは、古代ギリシャのギュムナシウム（運動施設）におけるアスリートの水浴である。ギリシャでは若者たちは肌に油を塗り、全裸で運動したため、運動後にはストリギリス（肌かき器）で汚れを落とし、水で身体を洗う必要があった。泉の吐水口から流れ落ちる水をシャワーのように用いることもあった。ギリシャ全域からアスリートが集い、運動競技祭が催されるような大神域のそばの運動場からは、1列に並ぶ洗水盤（ネメア）、座浴用の浴槽（オリュンピア）、直径が10メートルを超えるプール（デルフォイ）などが発掘されている。入浴後には、再び油を塗って肌を整えた。ローマ世界の公共浴場にしばしば運動場が併設されているのは、こうしたギリシャの伝統を引いたものだ。ただしローマのテルマエでは、運動場といっても真剣な競技が行われたわけではなく、軽く汗をかく程度がほとんどだった。彼らにとっては、そのあとの温かく心地よい入浴こそが主たる目的だったのである。(K.H.)

入浴の前後に活躍する
肌かき用のヘラ

43
ストリギリス（肌かき器）
前3〜前1世紀
銅
左：長さ20cm、右：長さ25cm
ポーラ文化研究所

古代ギリシャ時代から使われ、古代ローマにも受け継がれた、肌をかく道具である。青銅製や鉄製で、持ち手としなやかに湾曲した部分からなり、カーブを体に当てて使用した。入浴前に体についた汗や汚れを落とすのにも、入浴後に油などを体に塗って掻き取るのにも、あるいは身体をマッサージするのにも用いられた。(T.O.)

44
**アッティカ赤像式キュリクス（酒杯）**
前5世紀
土器
高さ10cm、口径24.5cm
個人蔵

キュリクスは古代ギリシャの酒杯のひとつで、底が浅く、高い脚部と水平方向
に伸びるふたつの把手をもつ。このキュリクスの見込み（内側）にはマント姿の
ふたりの若者が描かれており、右の人物はストリギリスらしきものを持っている。
外側の両側面には計6人の若者たちが表されている。彼らは酒杯や松明や杖を
手に、饗宴後の酔った足取りで踊っている。(T.O.)

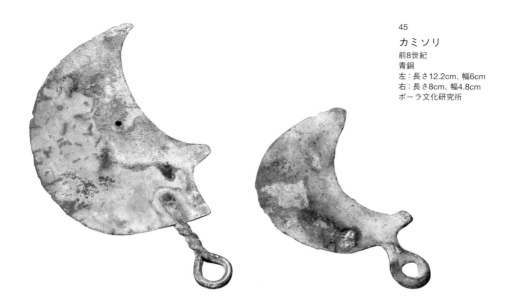

45
カミソリ
前8世紀
青銅
左：長さ12.2cm、幅6cm
右：長さ8cm、幅4.8cm
ポーラ文化研究所

古代ギリシャ人の成人は髭を伸ばすのが慣い
だったが、帝政初期のローマでは成人男性は髭
を剃るのが一般的だった。髭剃は普通、専門
の職人（床屋、トンソル）の仕事だった。No. 45
は端が輪になった棒状の持ち手が付いている。
No. 46はふたつの渦巻きの透かし彫りで装飾
された骨製の持ち手に、鉄の刃が差し込まれて
いる。(K.H.)

46
カミソリ
1世紀
ポンペイ出土
鉄、骨
長さ13.5cm、幅13.5cm
ナポリ国立考古学博物館　inv. 136769

47
## 入浴道具
1世紀
ポンペイ出土
青銅
輪：直径15.7cm、パテラ：直径17.3cm、ストリギリス：
長さ23cm、アリュバロス：高さ7cm
ナポリ国立考古学博物館　inv. 69904（a-f）

両端が犬の頭部で飾られた青銅の輪に、ア
リュバロス（香油壺）とパテラ（小皿）と3本
のストリギリス（肌かき器）がぶらさがってい
る。パテラは、熱浴室で身体に湯をかけるの
に使用された。運動前や入浴後には、アリュ
バロスに入ったオイルやバームを肌に塗る。
ストリギリスは、異なるカーブのものが3本
揃っている。(R.C.)

お風呂用具セットも登場

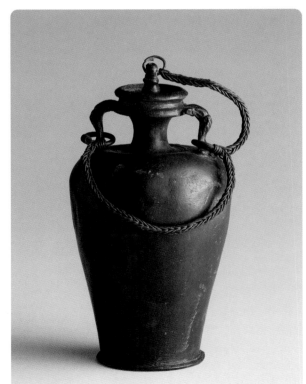

48
## 栓つき香油壺
1世紀
ポンペイ出土か
青銅
高さ12cm
ナポリ国立考古学博物館　inv. SN

非常に細い頸部と広がった口をもつ青銅製
の香油壺。口縁部と肩部をつなぐようにふ
たつの把手が付いている。このふたつの把手
と蓋は、編んだ鎖でつながっている。(K.H.)

入浴後のオイル入れ

石鹸代わりの粉入れ

49

蓋つき香油壺
1世紀
ポンペイ出土
ガラス、青銅
高さ12.7cm、最大径10cm
ナポリ国立考古学博物館　inv. 12943

緑色ガラス製の球形の香油壺（アリュバロス）。肩の把手にふたつの青銅の輪が通され、そこに青銅の把手が取り付けられていた。円盤状の蓋には溝の入ったつまみが付いており、3本の青銅製の鎖で本体につながっていた。こうした容器には、入浴後に身体に塗るためのオイルやバームが入れられていた。(R.C.)

50

銅製把手付ガラス壺
3〜4世紀
東地中海地域出土
ガラス
総高11.1cm、幅7.6cm、ガラス部分：高さ6.2cm
MIHO MUSEUM

紫色のガラスを宙吹きしてつくられた壺。張りのある丸い器形で、小ぶりながら安定感がある。表面にやや銀化が見られ胴部は金属のような光沢を放つが、薄い口縁部は半透明でガラスの質感を見せる。薄緑色のガラスを曲げ左右対称のかたちにした把手に針金の環を通し、さらに銅製の把手が付いている。浴場に行く際に、この形の器に石鹸代わりの粉を入れて持って行ったとされている。(T.O.)

51
マーブル装飾瓶
1世紀
東地中海地域出土
ガラス
高さ7.5cm、径5.4cm
岡山市立オリエント美術館

マーブルガラスは、色の違う熔けたガラスを組み合わせ、マーブル（大理石）のような模様を生み出したものである。もとは大理石を目指したガラスながら、自然石を超えて多彩な模様がつくられた。本作品は、紫色の透明なガラスに細い白の不透明ガラスが付けられ、それをジグザグに引っ掻いて装飾することで、2色が熔け合った羽のような模様が表されている。(T.O.)

52
突起装飾瓶
2〜3世紀
東地中海地域出土
ガラス
高さ12.2cm、径7.8cm
岡山市立オリエント美術館

古代ローマでは芳しい香りを身にまとうことが流行し、オリーブ油に香りをつけた香油や固形の香膏（こうこう）などが使われた。バラの香りは特に好まれ、高価なバラ水をまくといった使用方法もあったようだ。本作品は、所蔵館による構造の研究により、頸部と胴部の接合部の穴がせばめられていることが判明しており、バラ水を飛沫として散布するために使われたと考えられている。(T.O.)

# 古代ローマの香油瓶について

平山東子（平山郁夫シルクロード美術館館長）

香りの歴史は古代メソポタミアやエジプト文明に遡り、香料はミイラ作りのような葬祭や祭礼、宗教的な儀式の場だけでなく、人々のくらしに密接に関わってきた。古代ローマ世界で愛好された香油は、今日の香水のようにアルコールに香料を熔かしたものではなく、バラやアイリス、百合、没薬などさまざまな香りを油と調合したもので、乾燥した地中海地域にくらす人々にとって、肌を清潔にし、保湿するために欠かせない必需品であった。皇帝から庶民まで、当時の人々がどれほど香油に心を奪われていたのか、その種類の多さやさまざまな用法、そしてそれらにまつわるエピソードは、プリニウスをはじめ多くの著述家や詩人によって今に伝えられている。また、香油造りの工程は、ポンペイの「ヴェッティの家」の壁画にも詳細に記録されている（参考図版）。そこには小さな羽の付いたキューピッドたちが、人間の真似をして香油をつくり、瓶に詰めたり、香りを試している姿が描き出され、

当時の調香師の工房の様子をうかがわせている。

香油を保管するための器も、古来よりさまざまな素材でつくられた。特に球形のアリュバロスは陶土のほか、青銅、ガラスなどでつくられた。No. 47、49、50に見られるように、当時の人々は、香油瓶の把手に鎖や紐を通し、ストリギリス（肌かき用の金属製のヘラ）等も一緒にして公共浴場へ携行し、香油と砂（軽石の粉末など）を身体に塗り、ストリギリスで、その日の汚れを掻き落としていたという。それは『テルマエ・ロマエ』の作中でもおなじみの光景であるが、富裕な人は専門の奴隷に垢すりや、香油を使ったマッサージ、脱毛などをさせたそうである。

ガラスは、今も昔も原材料が安価な上に、匂いが付かず、油が浸み出すこともないので、香油瓶には格好の素材である。吹きガラス技法が導入されるまで、多くのガラスの香油瓶は不透明ガラスを熔かし、粘土などでつくった芯に巻きつけて成型するコア技法に

よってつくられていた。この技法は古代エジプト伝来の伝統的な製法で、器壁は厚く不透明で、制作に手間がかかるうえ、形や装飾のレパートリーも少なく、文様はジグザグや羽状文などに限定されていた。

　やがて、紀元前1世紀半ばに東地中海沿岸地域で、吹き竿に熔かしたガラス塊を付け、息を吹き込みながら容器をつくる吹きガラス技法が発明され、香油瓶にも一気にバリエーションが広がった。初期の吹きガラスによる香油瓶には、鋳型の中に熔かしたガラスを吹き込んで成型する「型吹き」の技法が用いられた（No. 53～56、59）。鋳型は二分割や三分割される割り型で、完成したガラス器は非常に薄く、厚みが不均衡で、表面には型の継ぎ目が筋状に隆起している。この技法によって、香油瓶に、幾何学文が浮彫状に表されたり、葡萄や棗椰子（デーツ）、人面や神々の顔を象ったものなどがつくられるようになり、色も透明な紫色や暗褐色、コバルトブルーなど多彩なものとなった。

また、同じく帝政初期に制作されたNo. 64の香油瓶は、青や緑の透明ガラスと、金箔をガラスにはさんだゴールドバンドガラスを熔融させ、それを鋳型に流し、研磨して成型したともいわれ、まさに吹きガラス以前のガラス技法の粋のような作品となっている。

　やがて、紀元2世紀以降、吹き竿とポンテ竿を用いた「宙吹き」による成型が普及するにつれ、ガラス器の量産が可能となり、ローマ社会におけるガラスの価値も急落した。素地は青緑色がかった透明ガラスが一般的となり、手間のかかるモザイクや型吹き技法による高級品から、宙吹きによる簡素なものが主流となった（No. 60、61）。帝国の拡大と技術の進歩によってガラスの香油瓶はより多くの人々の生活を潤すものとなり、それと同時に、香油を煌めかせる透明な器という新たな役割を担うことになったのである。

参考図版 ポンペイ、「ヴェッティの家」のオエクス（食堂）の壁画

53
型吹双面瓶
1世紀後半〜2世紀
東地中海地域出土
ガラス
高さ6.3cm、径3.6cm
岡山市立オリエント美術館

54
型吹果実文瓶
1世紀
東地中海周辺地域出土
ガラス
高さ7.8cm、径5.2cm
岡山市立オリエント美術館

型吹き技法によるデザイン

熔けたガラスを型の中に吹き込み、成形し
つつ意匠を施す型吹き技法でつくられて
いる。No. 53の双面瓶は、前後にふたつ
の顔(双面)が付いている。前と後ろにふ
たつの顔を有するヤヌス神は、扉の神であ
り、またはじまりの象徴ともされるが、本
作品もヤヌス神を表したものかもしれな
い。No. 54の果実文瓶は、胴部中段にザ
クロや葡萄などの果実が表されているが、
上段、下段にも模様があり、小瓶ながらさ
まざまなデザインが見られる。(T.O.)

55
人面装飾瓶
3〜4世紀
東地中海地域もしくはイタリア出土
ガラス
高さ16.2cm、幅7.3cm
平山郁夫シルクロード美術館

56
葡萄形瓶
1〜2世紀
東地中海地域出土
ガラス
高さ14.8cm、幅7.5cm
平山郁夫シルクロード美術館

豊穣のシンボルである葡萄の実のかたちの瓶。
紫色のガラスも葡萄の色を模しているのだろ
う。実の粒を表す半球形を型の内側に多数施
し、その型にガラスを吹き込んで成形している。
(T.O.)

57
宙吹瓶
1世紀中葉〜2世紀中葉
イタリア北部出土
ガラス
高さ5.2cm、径3.6cm
岡山市立オリエント美術館

吹きガラスの製造は、型に吹き込む技法が登場したあ
と、宙吹きが行われるようになったと考えられている。
初期の宙吹き技法でつくられた本作品は小型で平らな
底部が特徴的である。最初期のガラスは、古代におい
て貴重な石であるラピスラズリやトルコ石を意識してつ
くられていた。それらの石の鮮やかな青を目指し、コバ
ルトや銅によって着色された青いガラスが生み出され
た。本作品でも深みのある青が印象的である。(T.O.)

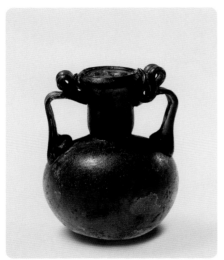

58
ガラス香油瓶
1〜2世紀
東地中海地域出土
ガラス
高さ6.6cm、幅5cm
平山郁夫シルクロード美術館

貴重な石の色を目指して

59
浮出文瓶
1世紀
東地中海地域出土
ガラス
高さ6.8cm、口径2.1cm
平山郁夫シルクロード美術館

60
長頸瓶
2～3世紀
地中海地域出土
ガラス
高さ18.8cm、最大径7.3cm
岡山市立オリエント美術館

香油を入れるために広く用いられたガラス瓶

61
長頸瓶
1～3世紀
東地中海地域出土
ガラス
高さ12.14cm、径7.3cm
岡山市立オリエント美術館

62
二連瓶
4～5世紀
東地中海地域出土
ガラス
高さ11.1cm、最大幅6cm
岡山市立オリエント美術館

2種類のものを入れることのできる瓶。ふたつの
ガラスが連なった瓶は、ガラス管に息を吹き込み
ながら、中央で折り曲げて熔かし、くっつけるこ
とでつくられている。本作品は、所蔵館の研究に
より、内部に顔料と金属製のスティックが残され
ていることが明らかになっている。(T.O.)

63
條文瓶
2～4世紀
地中海地域出土
ガラス
高さ11.4cm、最大径10.1cm
岡山市立オリエント美術館

ガラスにマンガンを加えると赤紫色を出すことが
できるが、高度な技術が必要であった。本作品
は、表面がやや銀化しているが、胴部に筋状の
突起が付けられている。熔けてふくらませたガラ
スの表面を、工具でつまんだり、引っ張ったりす
ることで装飾を施している。(T.O.)

64
ゴールドバンド装飾瓶
1世紀
イタリア出土
ガラス
高さ7.3cm、最大径4.3cm
平山郁夫シルクロード美術館

透明ガラスに金箔をはさみ込ん
だガラス棒「ゴールドバンドガラ
ス」を用いた技法でつくられてい
る。青や緑に色付けされた透明
ガラスと、金箔のガラスが熔け
合い、美しい縞模様を描き出し
ている。ところどころ下地の不
透明な白色ガラスも見えるが、
この白により色の鮮やかさが増
している。天然石の模様をガラ
スによって再現し、さらなる美
しさも表現しようとした古代の
人々の探求心を見ることができ
る。(T.O.)

天然石の模様を再現しようとした
探求心の結晶

# 2-2. 医療と健康

　入浴は、健康や医療とも直結している。医神アスクレピオスの信仰はギリシャで紀元前5世紀に広まったが、その神域は必ず近くに清らかな湧水があるところにつくられ、医療行為の一環として入浴を行うところもあった。ペロポネソス半島のゴルテュスのアスクレピオス神域には、前3世紀にさかのぼる浴場施設があり、ローマのテルマエに必須の炉（プラエフルニウム）や床下暖房（ヒュポカウストゥム）の設備もすでに備わっていた。

　温泉水が健康によいことも古くからよく知られていた。現在、温泉という意味で用いられる「スパ」という語は、「水による健康（sanus per aquam）」というラテン語に由来する。それを守護するのは泉のニンフたちだ。イスキア島ニトローディの温泉では、古くから泉のニンフたちがアポロとともに祀られている。アポロはアスクレピオスの父であり、疫病を祓う神でもあった。
（K.H.）

「スパ」の語源はラテン語の「水による健康」

65
アポロ・ピュティウス坐像
1〜2世紀
バイア、ストリンゴリ地区の浴場出土
大理石
高さ136cm
ナポリ国立考古学博物館　inv. 6261

半裸のアポロがデルフォイの神託のための祭具である鼎（かなえ）の上に腰掛けている。足を載せているのはデルフォイが世界の中心であることを示すオンファロス（臍（へそ））で、彼がデルフォイで祀られていたアポロ・ピュティウス（大蛇のピュトン殺しのアポロ）であることを示している。浴場で出土したのは、アポロはアスクレピオスの父であり、治癒神でもあったことと関係しているのだろう。頭部と両腕は近代の修復。（K.H.）

66

アポロとニンフへの奉納浮彫
2世紀
イスキア島、ニトローディの温泉出土
大理石
縦45cm、横59cm
ナポリ国立考古学博物館　inv. 6752

浮彫の左端には、マントをまとったアポ
ロが竪琴を手に、足元にグリュプスを従
えて立っている。右には3人の半裸姿の
泉のニンフが並び、両端のふたりは貝
殻を、中央のひとりは水瓶を身体の前
に抱えている。浮彫下部には、これがマ
ルクス・ウェリウス・クラテルスの誓願
成就の奉納であることが記されている。
治癒効果のあるニトローディの温泉で
は、治癒神でもあるアポロと泉を守護
するニンフたちが祀られていた。(K.H.)

SVSCEPEC
ETTIIYMPI
CRATELVSS

67
薬箱
1世紀
青銅
長さ13.5cm、幅8cm、高さ2cm
ナポリ国立考古学博物館　inv. 78233

引き出し式の薬箱。内箱の端に
は、引き出しやすいようにつま
みが取り付けられている。容器
のなかは小さく区切られ、別々
の薬を入れられるようになって
いる。内部に入れられている薬
品が出土時から入っていたかど
うかは不明。(K.H.)

68
吸引具
1世紀
ポンペイ出土
青銅
高さ10cm、直径8cm
ナポリ国立考古学博物館　inv. 77989

卵形の胴部とすぼまった頸部か
らなる吸引具。病人の身体から
毒素を吸い出すために用いるも
ので、その形状から、古代ロー
マでは「ククルビトゥラ（ひょう
たん）」と呼ばれていた。大きい
ものは大腿部など広い部分に、
小さなものは腕などに使用され
た。(R.C.)

69
外科器具入れ
1世紀
ポンペイ出土
青銅
長さ約20cm
ナポリ国立考古学博物館　inv. 78197（a-f）

小匙、探り針、小ヘラなどがおさめられた外科道具
入れ（テカ・ウルネラリア）。これらはいずれも頻繁
に使用される医療器具で、さまざまな治療に対応す
るためのものだった。(R.C.)

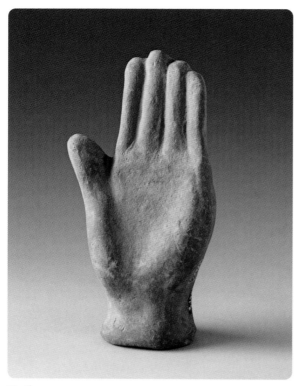

70 手

70、71、72
人体をかたどった奉納模型
前3〜前2世紀
カレス（ポンテ・デッレ・モナケ地区）出土
テラコッタ
手：高さ19.5cm、足：高さ15.6cm、子宮：幅17.5cm
ナポリ国立考古学博物館　inv. 21920, 21799, 21643

イタリア、カンパニア州のポンテ・デッレ・モナケ地区では、前5世紀から前1世紀にわたる奉納品が何千点も出土した。これは近隣の都市カレス（現在のカルヴィ）にあった聖域へのエクス・ウォト（誓願成就の奉納）だったと考えられる。その多くはテラコッタ製で、神々や人や動物の小像、胸像、頭部像のほかに、人体をかたどった奉納模型もあった。こうした模型は、それぞれの部位の病いの治癒を治癒神に願い、それが快癒したときに請願成就の感謝のしるしとして奉納されるもののため、奉納先は医神アスクレピオスあるいは豊穣神ケレスといった健康と治癒を司る神の聖域だったのだろう。なおカレスでは、前1世紀にさかのぼるふたつの公共浴場も発掘されている。(R.C.)

71　足

72 子宮

# 2-3. 女性たちの装い

　詩人ホメロスの名が冠されている「アフロディテ讃歌」には、美の女神ヴィーナス（ギリシャのアフロディテ）が三美神にかしずかれて沐浴し、芳しい香油を肌に塗り、美しい衣をまとって金の装身具を身につけるさまが歌われているが、それは女性たちにとっての理想だっただろう。ギリシャでは女性の入浴の場は自宅に限られていたが、ローマでは女性もテルマエに通うことができた。ギリシャの女性は、キトンという薄手の衣の上に、ヒマティオンと呼ばれるマントをまとった。ローマ人女性の衣装もそれに似ているが、キトンに該当するトゥニカの上に、身分の高い女性はストラと呼ばれる袖なしの長い衣を付けた。外出時にはさらにパッラ（マント）をまとった。化粧は広く普及しており、肌を白くする白粉や口紅、アイライナーなどが用いられた。富裕な家の女性は、金や宝石、真珠などを使用した高価な装身具を身に付けた。指輪は男性も付けていたことが知られている。(K.H.)

73
着衣女性像
前2〜前1世紀
青銅
高さ185cm
MIHO MUSEUM

細かい皺の施されたキトンの上に、頭の上からヴェールのようにヒマティオン（マント）を巻いた女性全身像。縦に筋を入れて髪をねじりあげ、後頭部の高い位置でシニョンのようにまとめるという髪型（通称「メロン型」）で、顔立ちは理想化されている。両目の空洞には、もとは石などでつくった白目と瞳がはめ込まれていた。両腕は欠損しているが、右腕を腹部に当て、左手で顔の横の布をつまんでいたことが見て取れる。これに似た衣文とポーズの女性像は、紀元前2世紀後半からローマ時代の大理石肖像に散見する。本作はキトンに寄った細かな皺や、襟元に施された繊細な縁飾り、ヒマティオンの下に透けて見えるキトンや髪の凹凸などが、後期ヘレニズム時代に特有の高度な彫刻技術を示している。(K.H.)

74
**着衣女性像**
前1〜後2世紀
大理石
高さ92cm
個人蔵

キトンと呼ばれる薄い衣の上に、厚いヒマティオン
（マント）をまとう女性像。頭部と右腕、左手が失わ
れている。細身の上半身や、キトンの胸高の位置で
帯を締める女性像はヘレニズム時代に流行したが、
それ以降の彫像にも散見する。足にはサンダルを履
いている。(K.H.)

75
**女性裸体像断片**
前3〜前1世紀
地中海地域出土
テラコッタ
高さ17.8cm、幅5.6cm
岡山市オリエント美術館

全裸の女性像であることから、美の女神ヴィーナス（アフロディテ）あるいはニンフを表
していると思われる。頭部と両腕と左脚が欠損し、右脚も膝までしか残っていないが、
身体をわずかにかがめながら右にねじり、右腕を上げていたことが見て取れる。《海か
ら上がるヴィーナス》（No. 109）のヴァリアントという可能性もある。(T.O.)

76
女性頭部
前3～前1世紀
地中海地域出土
テラコッタ
高さ6.3cm、幅3.1cm
岡山市立オリエント美術館

女性を表したテラコッタ小像で、型を用いてつくられている。どちらも同じような「メロン型」の髪型をしている。No. 77の髪に横に引かれた3本の線は、髪の上にヘアバンドのように巻かれた布を表しているのだろう。こうしたテラコッタ小像は19世紀末にギリシャのタナグラで大量に発見されたため、かつては「タナグラ人形」と通称された。(T.O.)

77
女性頭部
前3～前1世紀
地中海地域出土
テラコッタ
高さ11.3cm、幅8.7cm
岡山市立オリエント美術館

78
化粧用スパチュラ（ヘラ）
1世紀
ポンペイ出土
骨
上：長さ11.5cm、下：長さ11.7cm
ナポリ国立考古学博物館 inv. 119621 (a-b)

先端が小さなヘラになり、逆の端が尖ったスパチュラはさまざまな用途に用いられた。形状や大きさや素材から、これは化粧用ではないかと思われる。(K.H.)

79
エトルリア製の鏡
前5～前4世紀
イタリア中部出土
青銅
長さ30.3cm、幅14.8cm
岡山市立オリエント美術館

80
エトルリア製の鏡
前4世紀頃
青銅
長さ22.5cm、幅11.5cm
ポーラ文化研究所

古代世界では、鏡は銅や銀でつくられていた。片面は磨き上げられ、反対の面にはさまざまな場面が、線刻あるいは浮彫で表される。No. 79の鏡に表されているのは、ギリシャの図像伝統から逸脱しているところもあるが、エトルリアの鏡の装飾として一般的な「パリスの審判」の場面だと思われる。左側に裸体にマントをはおった若者パリスが腰掛け、右側の3人の女神のなかで最も美しい者として、美の女神ヴィーナス（アフロディテ）に手を差し伸べる。両者の間に立つのは、女神たちをここまで導いてきたヘルメスと思われる。No. 80には、兜をかぶって向き合うふたりの人物が刻まれている。ゼウスの双子の息子のディオスクロイだろう。(K.H.)

81

「腰掛けるエロス」アプリア赤像式皿
メンジース・グループ
前330〜前310年
イタリア南部出土
土器
高さ4.7cm、径23.6cm
岡山市立オリエント美術館

大きな翼をもつ若者の姿をしたエロスが岩に腰掛けている。長い髪を高い位置で結び、
髪飾りを付けている。耳飾りや首飾りも付け、両腕に腕輪、足には白い靴を履き、右足首
も装身具で飾っている。左手には葉冠を持つ。背景には細帯や香油壺が描かれている。
エロス（キューピッド）はギリシャ神話の愛の神。母である愛と美の神アフロディテ（ヴィー
ナス）の装いを手伝うこともある。(K.H.)

82

「鏡を持つ女性」アッティカ赤像式レキュトス
前480～前460年頃
アテネ出土
陶器
高さ19.8cm、最大径7.8cm
平山郁夫シルクロード美術館

櫃が置かれた屋内にいる女性の姿が描かれてい
る。彼女はキトンの上にヒマティオンをまとい、頭
にサコスと呼ばれる帽子をかぶり、左手に手鏡を
持っている。レキュトスは古代ギリシャの香油瓶
で、球形のアリュバロスと異なり、細長い円筒形
の胴部をもつ。しばしば副葬品としても用いられ
た。(T.O.)

83

裸体女性浮彫（ピュクシス断片）
ローマ時代
エジプト出土
象牙
高さ6.9cm、幅3.67cm
岡山市立オリエント美術館

長い髪の裸体の女性が画面いっぱいに表されている。表面
は湾曲しており、ピュクシスと呼ばれる円筒形の小物入れの
断片と考えられる。ピュクシスには象牙のほか、動物の骨やテ
ラコッタでつくられたものもあり、蓋が付き、クリーム状の化
粧品や小さな装身具をおさめるために使用された。(T.O.)

84
## 山猫の耳飾り
前2〜後1世紀
金、ガーネット、エメラルド、天然真珠
長さ7.1cm
平山郁夫シルクロード美術館

ガーネット、エメラルド、真珠と山猫の
モチーフで豪華に飾られた黄金の耳飾
り。猫の首の後ろ側には、微少な金の
粒を付ける粒金細工が施されており、
目には宝石がはめ込まれていた痕跡が
ある。山猫（リュンクス）は優れた眼力
のシンボルとされ、装身具のモチーフと
して好まれた。(T.O.)

古代ローマでは
金を加工し、
宝石をあしらったジュエリーが存在

85
## カメオガラス
前1〜後3世紀
ガラス、金
長さ3.5cm、幅3.6cm
平山郁夫シルクロード美術館

2頭立戦車を駆る御者。剥落のため不明瞭だが、お
そらく曙の女神のアウロラだろう。カメオガラスは、
半透明の白いガラス層と内側の色ガラス層を一体
として成形し、その後に白いガラス層を削りながら
モチーフを彫り出す技法。高価な縞瑪瑙などのカメ
オの代替品として、紀元前1世紀末に生み出された。
(T.O.)

# 橋本コレクションと古代ローマの指輪

飯塚隆（国立西洋美術館主任研究員）

　紀元後1世紀の博物学者プリニウスによれば、古代ローマを建国したロムルスや共和政ローマ設立の立役者であるブルトゥスを表す彫像が都ローマのカピトリーノの丘にあったが、彼らは誰も指輪をはめていなかったという。プリニウスはさらに、金製の指輪を身に付けたのは外国への特使として任命された元老院議員だけであり、その彼らも私的な場では鉄製の指輪に付け替えていたことを伝えている。実際、古代ローマ人が日常的にジュエリーで身を飾るようになるのは、ようやく共和政末期（前133年頃～前27年）になってからのことであった。ローマの王政・共和政期と同時代のギリシャとエトルリアーイタリア半島の古代文明ーで制作された絢爛豪華な宝飾品が数多く現存する事実と照らし合わせると、ローマ人のジュエリーに対する態度の違いが際立つ。このような歴史的背景もあって、国立西洋美術館が所蔵する古代ローマ時代の指輪はほとんどが紀元前1世紀以降に制作されたものである。

　本展に出品されている国立西洋美術館の指輪はすべて「橋本コレクション」に属している。橋本コレクションは約870点からなる宝飾品コレクションで、そのうちの9割近くを指輪が占めている。コレクターは橋本貫志氏（1924～2018）。橋本氏は1980年代の終わりから14年にわたり主にオークションを通して指輪を収集し、「コレクションは公共の美術館・博物館に寄贈することで完成する」という氏の高邁な精神のもと、2012年に「橋本コレクション」を当館にご寄贈くださった。

　本コレクションには古代ローマ時代の指輪が40点近く含まれており、そのうちの17点が本展のために選び取られている。まず、コレクション形成の観点からすると、《金製指輪》（No. 86）が注目に値する。本作は橋本氏が一番はじめに購入した指輪であり、橋本コレクションのいわば礎となっているからだ。ガーネットを

あしらったこの小さな金の指輪には親の子に対する想いが込められており、それが二千年の時を超えて残っていることに感銘を受けて購入に踏み切ったという。

　《鉢巻きをしたアスリート》（No. 87）の指輪には、古代ギリシャ美術に対するローマ人の深い愛情が見て取れる。カーネリアンにはインタリオ（像が凹で表される）で男性の横顔が表されているが、彼はスポーツ競技の勝利者に与えられる鉢巻を巻いている。彼のように勝利の鉢巻を結ぶアスリートのことを古代ギリシャ語で「ディアドゥメノス」と呼び、この姿を表した紀元前5世紀のギリシャ人彫刻家ポリュクレイトス作の男性裸体像にローマ人たちは憧れた。その結果たくさんのディアドゥメノス像が大理石でコピーされてローマ世界に出回ったが、人気があまりにも高かったため、そのイメージは彫刻だけにとどまらず本作のような小さな宝石にも写し取られたのである。

　ギリシャ美術への愛着は《犠牲式を表すカメオ》（No. 88）の作品にも表れている。指輪には犠牲式の場面を巧みな技で表したカメオが飾られているが、これは紀元前1世紀後半に活躍したギリシャ人彫玉家ソストラトスの作品に倣ってつくられたものだ。ソストラトスが得意とした酒の神ディオニュソスの世界を表す情景には、従者シレノスや豊穣の神プリアポス、さらに祭壇、杯、犠牲獣といったモチーフが用いられるが、彼を模範とする職人たちがこれらを自由に選択・配置することでさまざまなパターンの犠牲式の場面がカメオに表されることとなった。

　《瑪瑙を模したエロスのガラスカメオ》（No. 89）の指輪には愛を司るキューピッドを表したカメオがはめ込まれている。カメオはオニキスを模したガラスでできている。高価な石を用いる代わりに、それに見せかけた安価なガラス製の彫玉が大量につくられたのだが、そんな模造品でもいいからジュエリーでおめかしをしたいという心持ちは、古代も現代も変わらない。

# 古代ローマの指輪

橋本コレクション
〔国立西洋美術館〕

86
金製指輪
1〜2世紀
ガーネット（柘榴石）、金
縦0.9cm、横2cm、深さ2cm

87
鉢巻きをしたアスリート
前1世紀
カーネリアン（紅玉髄）、金
縦1.3cm、横2cm、深さ2.5cm

88
犠牲式を表すカメオ
前1世紀（指輪は近代）
サードニクス（赤縞瑪瑙）、金
縦1.3cm、横1.9cm、深さ2cm

89
瑪瑙を模したエロスのガラスカメオ
前1世紀後期
ガラス、金
縦2cm、横2.8cm、深さ2.2cm

90
アグリッピーナ
1世紀（指輪は近代）
オニキス（縞瑪瑙）、金
縦3cm、横2.4cm、深さ2.6cm

91
ライオンのカメオ
1〜2世紀（指輪は近代）
サードニクス、金
縦1.2cm、横2.1cm、深さ2cm

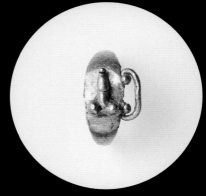

92
男根が浮彫りされた指輪
1世紀
金
縦0.8cm、横1.3cm、深さ1.4cm

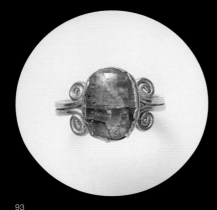

93
金製指輪
1世紀
ベリル（緑柱石）、金
縦1.1cm、横1.5cm、深さ1.8cm

94
金製指輪
2〜3世紀
ガーネット、ガラス、金
縦1cm、横1.7cm、深さ1.8cm

95
サテュロスが表された兜をかぶる女神アテナ
前1世紀
カーネリアン
縦1.7cm、横1.4cm、深さ0.4cm

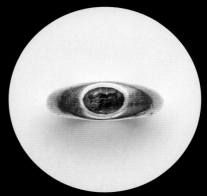

96
山羊のインタリオの指輪
2世紀
アメジスト（紫水晶）、金
縦2.2cm、縦0.8cm、深さ2cm

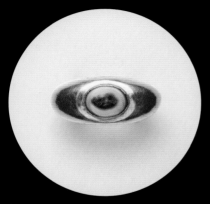

97
イルカのインタリオの指輪
2世紀後半
サードニクス、金
縦2.6cm、横1.1cm、深さ2.2cm

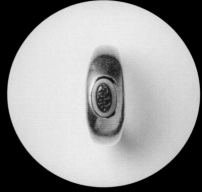

98
ヘルメスの杖
2世紀
サードニクス、金
縦0.8cm、横2cm、深さ1.9cm

99
鳥のインタリオの指輪
2～3世紀
ジャスパー（碧玉）、銀
縦1.7cm、横0.8cm、深さ1.9cm

100
騎手のインタリオの指輪
前1～後1世紀
カーネリアン、青銅
縦2.2cm、横0.9cm、深さ2cm

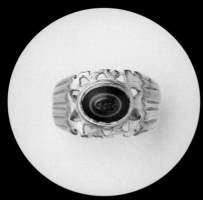

101
銘のあるインタリオの指輪
3世紀
サードニクス、金
縦2.1cm、横1.6cm、深さ2.3cm

102
銘のある金製指輪
3～5世紀
オニキス、金
縦0.9cm、横2.3cm、深さ2.7cm

# 2-4. テルマエ建築と水道技術

　大規模なテルマエをつくるには、用地と水道が必要だった。ローマ市最初のテルマエであるアグリッパ浴場は市壁（通称「セルウィウス城壁」）の外側、古くからの軍事訓練の場であり、当時急速に市街化が進んでいたカンプス・マルティウスに位置している。当初はサウナ風呂のみだったが、紀元前19年にウィルゴ水道が敷設されると、水や湯をふんだんに使用する正真正銘のテルマエとなった。ほかのテルマエも、ほとんどが街の周縁部に位置している。街の中心部に位置するテルマエとしては、ネロの黄金宮殿の跡地に建てられたティトゥス浴場とトラヤヌス浴場がある。後者は極めて大規模で、トラヤナ水道も同時に建設された。有名な建築家、ダマスクスのアポロドルスの設計になるこの浴場は、建物の中心軸上に3種類の浴室とプールが縦に並び、左右に運動場が配され、その建物を緑地が取り囲んでいた。この基本構造は、約100年後に建設されたカラカラ浴場にも受け継がれている。(K.H.)

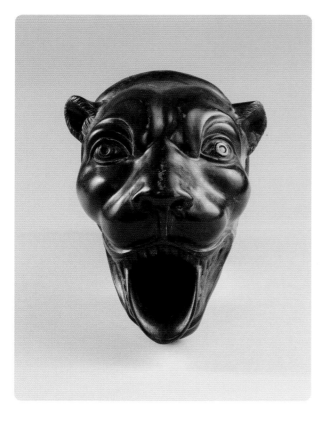

103
ライオン頭部形の吐水口
1世紀
エルコラーノ出土か
青銅、テラコッタ
長さ25cm、幅13cm
ナポリ国立考古学博物館　inv. 286792

雌ライオンの頭部をかたどった吐水口。首のテラコッタ部分が送水管に接続され、ライオンの開いた口の長い舌から水が流れ出るようになっていた。ライオンの頭部をかたどった吐水口は紀元前6世紀の東ギリシャにさかのぼり、ギリシャ、ローマ世界に広く普及していた。(K.H.)

104
水道のバルブ
1世紀
ポンペイ出土
青銅、鉛
高さ5cm、長さ35cm
ナポリ国立考古学博物館　inv. 69821

105
水道のバルブ
1世紀
ポンペイ出土
青銅
高さ24cm、長さ31cm
ナポリ国立考古学博物館　inv. 69824

水道のバルブは、左右に短い管が伸び上
部に水栓用の円筒形開口部がある本体、
その中にぴったりとはまる水栓、そして本
体の底から構成される。大きい方のバルブ
（No. 105）には水栓が残されており、上の
つまみをひねり側面の穴（右上図参照）を
外側の本体の管の位置とずらすことで水
流を調節する仕組みが見て取れる。小さ
い方のバルブ（No. 104）には、本体にハ
ンダ付けされた鉛製の水道管が残されて
いる。(K.H.)

# 古代ローマの浴場と温泉

ロザーリア・チャルディエッロ
ナポリ・スオール＝オルソラ＝ベニンカーザ大学教授

　浴場は古代ローマ人にとって、最も愛され、日常的に通う場所である。浴場の複合施設は、大小、公営私営を問わず、帝国のいたるところに存在した。前30年にローマ市内だけで170カ所あった浴場の数は、後4世紀には1000カ所近くまで増えた。

　「テルマエ」という単語は、ギリシャ語に起源をもち、語源的には「熱」を意味していたが、ローマ世界においては国や地方が建設した公共浴場を指していた。

　ギリシャ世界では、温泉を利用した浴場の記録はアルカイック時代までさかのぼるが、それが大きな発展を見せたのはローマ世界である。ローマ世界では、遅くとも前3世紀後半から公共浴場が普及し始め、熱源を利用するために家庭の台所の近くに配置された、ラウァトリナと呼ばれる狭い部屋の浴槽での入浴に徐々に取って代わった。

　公共浴場の普及によって、この簡素なラウァトリナは姿を消した。そもそも自宅にそのための場所をもつことは上流階級の贅沢であり、上流階級の人々もまた、公共浴場に足繁く通っていた。

　浴場は、清潔さの維持やスポーツを行う目的でのみ使用されたわけではない。友人との談笑、商業や政治についての議論、音楽鑑賞や読書、食事を行う場としても使用された。

　現代と比較するなら、ローマ時代の浴場は一種の娯楽施設であり、我々の想像する「静かにゆったりできる場所」からはかけ離れていた。広場と同じように男女がひしめき合う密な空間で、さまざまな声や音、水しぶき、叫び声が飛び交っていたに違いない。そこには力み唸り声をあげるスポーツ選手のような者、ゲームで得点をあげ喜ぶ者、湯船に浸かりながら歌う者、水面に飛び込んでほかの客を濡らし、罵声を浴びせられる者がいただろう。そして、甲高い声で客を呼び込み、毛を抜く痛みで客が叫ぶ時以外はうるさくしている毛抜き屋や、多種多様な食べ物を売り歩く商人もいて、彼らは今日の市場のように、浴場で自らの商品を宣伝していた（参考図版1）。

　浴場は老若男女、自由民とそれ以外の者、貧困層に富裕層、あらゆる立場の人々で賑わっていた。裕福な人々には奴隷たちを伴って浴場に行く習慣があり、奴隷たちは主人に対し、体に香油を塗り、マッサージでくつろがせ、麻や毛織物のタオルや垢掻き、軟膏、櫛などの用品を持ち運んで世話を焼いた。入浴に読み書きをするための秘書を伴ったという、小プリニウスの興味深い逸話も残っている（『書簡集』35.14）。

　浴場は通常、建設者（一般に国または皇帝）によって運営されたが、しばしば請負人（コンドゥクトル）に委託された。この請負人は、浴場の所有者に一定の金額を払い、利用者からは入浴料金を徴収した。そうは言ってもこの入浴料はごく少額で、ホラティウスによれば、クアドランスすなわち4分の1アスだったという。後1世紀に1リットルのワインとパンが1アス半で買えたことを考えれば、値段の見当がつくだろう。自由民の男性、皇帝家付きの奴隷、兵士、子どもは無料で入浴できた一方、女性は男性よりも高い金額を払った。

浴場内での衣服の管理をカプサリウス（門番や衣服の管理係）に任せたければ、さらに2デナリウスを支払う必要があった。

　多くの人々が浴場で働いていた。文献には、カプサリウス、バルネアトル（浴場所有者）、フォルナカリウス（かまど係）、ウングエンタリウス（香油売り）、アリプテス（香油塗り）、ウンクトル（マッサージ屋）、アリピルス（毛抜き屋）などが挙げられている。

　浴場は男女ともに頻繁に利用したが、それぞれの利用時間が決められていた。前2世紀から前1世紀には、性別により使用区域が構造的に分けられた入浴施設が登場する。

　ローマ人は「健全なる精神は健全なる肉体に宿る」（ユウェナリス『風刺詩集』10.356）と考えたから、浴場は社交と文化伝達の場でもあった。たとえばローマのアグリッパ浴場には、月桂樹と黄楊の並木道に沿って設けられた「スタグヌム」と呼ばれる人工池が付属しており、正真正銘の公園を形成していた。

　浴場は、議論や講義、詩の朗読や音楽の鑑賞を行うムサエウム（学芸の女神であるムーサたちの場、ミュージアムの語源）としても利用された。ローマのカラカラ浴場の、外壁の内側にあるふたつの大きなエクセドラ内の部屋のひとつから発見された見事な彫刻を見ると、そこがまさにムサエウムであったという想像を禁じ得ない。実際、この浴場からは、現在ナポリ

参考図版1　ローマのディオクレティアヌス浴場の復元図

参考図版2　イスキア島、ニトローディ温泉公園

国立考古学博物館の所蔵である「ファルネーゼの雄牛」や「ファルネーゼのヘラクレス」など
の名高い彫刻作品が出土している。

　浴場施設に図書館があったことは、これらの建物が文化的な役割を担っていた最も明確
な証拠である。ローマではトラヤヌス浴場、カラカラ浴場、またおそらくディオクレティアヌ
ス浴場で図書館が確認されている。これらの浴場は、3000人を1度に収容できるほどの広さ
であったようだ。

　一方、温泉に関していえば、ギリシャ世界と同じように、ローマ世界では温泉の近くに建て
られた浴場が聖域や神殿と直結していることが確認されており、神性と水の治癒効果が密
接に結び付いていたことを物語っている。ギリシャでは、エピダウロスなどアスクレピオス神
域の周辺に浴場があったことが記録されている。ここでは神託の力は治癒の力に結び付き、
入浴は健康を取り戻すために神が奨励した方法のひとつだった。

　カンパーニア地方では、ニトローディのニンフのように、水の信仰と結び付いた特に重要
な聖域の例が挙げられる（参考図版2）。

　ニトローディの泉の効能に関する知識は、イスキア島のバラーノ村で共有されていた。そ
の起源はギリシャ時代にまでさかのぼり、人々は泉を訪れ、水を浴び飲むことであらゆる病
気を治すことができた。実際、ギリシャから来た最初の入植者たち（前8世紀）は、ニンフや
アポロ神を祀る神殿を泉の近くに建立し、水の治癒効果を、神の介入や加護に結び付けた。
ローマ時代には、泉の周りに温泉療法の学校が建設された。

　1759年に、この地の農夫により、12枚の大理石製の浅浮彫が偶然発見された（現在ナポ
リ国立考古学博物館所蔵、No. 66はそのひとつ）。これは健康の回復や治癒への感謝のし
るしとして、医者や患者がニトローディのニンフに捧げた奉納品で、前1世紀から後3世紀頃
にまで及んでいる。浮彫には凹みが付いており、いくつかには小さな「取っ手」のような跡が
あることから、泉の岩壁に取り付けられていたものと思われる。しかし例外的に、ギリシャ語

とラテン語の奉納文が彫られた小祭壇型の浮彫も
確認されている。

　現在、ニトローディの泉の水は、アルカリ性硫酸
塩とアルカリ性土類を含む低温泉に分類されてい
る。100年前にはまだ、この場所は深い森に覆われ
孤立しており、訪れるのは水を汲んだり体を洗ったり
しに来る女性たちだけだった。泉の近くのボーノパー
ネに住む女性たちは、肌と髪が美しく、島の女性た
ちで最も美しいと評判であった。岩から噴き出す、肌
と髪に特別な輝きを与える力をもつ水流を楽しむこ
とは、現在でも推奨されている（参考図版3）。

参考図版3　イスキア島、ニトローディの泉

　ニトローディという名は、ニンフの添え名（ニュンファエ・ニトロダエ）に由来し、その語源
はギリシャ語の「ニトロン」である。「ニトロン」は炭酸ナトリウム、ナトリウム、さらに一般的
には塩を意味し、この温泉水の塩分濃度の高さを明確に示している。

　バイアの温泉もまた、治療や薬用としても利用されていた。フレグレイ平野（ギリシャ語の
「フレゴー」は「燃やす」「焼く」の意味）に位置するこの地域は古代より火山活動が活発なこ
とで知られ、湧き出る鉱泉は温泉施設の普及に貢献していた（参考図版4）。

　この地域には、スダトリウム（蒸し風呂の一種）の最も古い例が確認されている。スダトリ
ウムは、岩盤に掘られた空洞に地下水路を通して高温の源泉を引き、非常に高い湿度の環

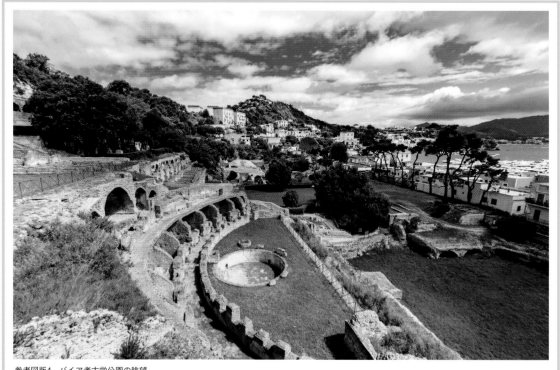

参考図版4　バイア考古学公園の眺望

境をつくり出していた。一部の施設では、丸天井に室内の熱量を増減させるための窓が設けられ、青銅製の円盤で開度を調節することができた。

　バイアでの温泉療法に効果があることは、前2世紀には知られていたようだ。前176年、執政官のグナエウス・コルネリウス・スキピオ・ヒスパッルスが湯治のためにここを訪れている（リウィウス『ローマ建国史』41.16）。その後、この天然の凹みの周囲に一連の入浴順路のための部屋が新たに建てられ、より機能的で快適な空間として生まれ変わった。医師ケルススは、バイアのこれらの部屋は、治療効果を高めるギンバイカの木立の上にあったと述べている。

　ススペンスラ（二重床をつくるための小さな角柱）やテグラ・マンマタ（二重壁をつくるための爪付き煉瓦）やトゥブルス（中空煉

参考図版5　床下暖房と炉の復元図

瓦）を使って床下や壁の中に空間をつくり、そこに熱い空気を通すという技術革新は、浴場の仕組みを飛躍的に向上させた。この仕組みはヘレニズム時代のギリシャで発明された。プリニウスによれば、人工池でのムール貝養殖の考案者でもあるガイウス・セルギウス・オラタがバイアにおいて、床下と壁の中の空洞に熱い空気を循環させるヒュポカウストゥム方式（ギリシャ語でヒュポは「下」、カイオーは「燃やす」を意味する）を完成させたという。この方式では炉（プラエフルニウム）で熱い空気をつくるため、温泉の近くに浴場をつくる必要はなくなった（参考図版5）。

　建築の面でも、バイアではドーム型の浴室のような驚くべき技術革新がローマよりも早い時期から認められる。そのなかでも「メルクリウス神殿」と通称される建物の実際の用途については、さまざまな仮説が立てられているが、これはおそらくラコニクム（サウナ風呂）で、湯

参考図版6　バイア、浴場（通称「メルクリウス神殿」）、内部

の水道管が伸び、室内にその吐水口があったことから、屋内プールとしても利用されていたと考えられている。丸天井は蒸気を保持する目的でつくられたのであり、その場合、中央のルーメン（丸天井の中央にある天窓）には採光だけでなく（壁にある4つの窓がすでにその機能を担っている）、熱を逃さないようにする機能もあったのだろう。ローマのパンテオンを1世紀以上先取りした、革新的な建築手法である。内部の直径が21.5メートルの円形プランは、パンテオンのちょうど半分の大きさだ。この丸天井は、コンクリート製の大型球形屋根としては最古の例であり、楔形の凝灰岩の小片が同心円状に配置されている（参考図版6）。

　バイアの温泉は、ローマの貴族たちや皇帝たちによって頻繁に利用された。その中にはクラウディウス、カリグラ、ネロ、ハドリアヌス（バイアにて没）、アントニヌス・ピウス、コンモドゥス、アレクサンデル・セウェルスも挙げられる。この温泉はさらに、中世を通じて利用され続けた。13世紀のピエトロ・ダ・エボリのラテン語詩『ポッツォーリの浴場について』には、35もの浴場のことが書かれている。

　バイアの温泉は13世紀には神聖ローマ皇帝のフリードリヒ2世、アラゴン王ペドロ3世によって再整備された。17世紀にはスペインのカルロス2世の副王が修復を決定し、医師セバスチャーノ・ボルトロにその任を託した。彼は多くの源泉を発見し、副王の命により、それぞれの名、場所、効能を記録している。

　現在でもバイアの古代浴場は利用され、温泉が有効活用されている。

（野々瀬真理　訳）

主要参考文献
- S. Adamo Muscettola, "Gli ex-voto alle ninfe di Ischia: la parabola di una cultura marginale," *Rivista dell'Istituto Nazionale di archeologia e storia dell'arte*, 57 (III Serie, 25), 2002, pp. 37-62
- P. Amalfitano - G. Camodeca - M. Medri, *I Campi Flegrei: un itinerario archeologico*, Venezia 1990
- M. Bassani, M. Bressan, F. Ghedini, *Canaque sulphureis albula fumat aquis. Il termalismo romano in Italia e le fonti letterarie: un quadro d'insieme, Atti del Convegno Internazionale (Montegrotto Terme, 6-8 Settembre 2012)*, Padova 2013.
- R. Castagna, "Le tavolette votive alla Ninfe Nitrodi," *La Rassegna d'Ischia*, 6/92, pp.18-27.
- R. Ciardiello, *Seneca e la Campania nelle lettere a Lucilio*, Napoli 2011
- R. Ciardiello - I. Varriale, *Agnano, Astroni & Solfatara*, Napoli 2011
- P. Miniero - F. Zevi (a cura di), *Museo Archeologico dei Campi Flegrei. Catalogo Generale 3. Liternum, Baia, Miseno*, Napoli 2008, in part. pp. 49-171
- L. Forti, "Rilievi dedicati alle Ninfe Nitrodi," *Rendiconti della Accademia di Archeologia Lettere e Belle Arti*, 26, 1951, pp.161-191.
- M. Mancioli, *Le proprietà terapeutiche delle acque di Nitrodi e Olmitello*, Napoli 1995
- L. Melillo, "Il termalismo nel mondo antico," *Medicina nei secoli -Arte e Scienza / Journal of History of Medicine*, 7, 1995, pp. 461-483.
- U. Pappalardo - R. Ciardiello (a cura di), *Guida geoarcheologica della costa campana ad uso dei naviganti*, Napoli 2005
- M. Pasquinucci, *Terme romane e vita quotidiana*, Modena 1987

テルマエでくつろぎながら
アートを楽しむ
場所から裸像が多かった

ファルネーゼのヘラクレス（部分）　p. 14　参考図版3

# 第3章 テルマエと美術

　テルマエは、大衆が美術品を間近に見ることができる場でもあった。もちろん広場や神域でも質の高い彫刻や絵画を目にすることはできたはずだが、テルマエには概して裸体像が多かったようだ。くつろぎながら楽しめる美術作品はまた格別のものだったろう。

　床には水に強いモザイクが敷かれた。1世紀から2世紀には白黒モザイク、それ以降は多彩モザイクが好まれた。モルタル層の下地に埋め込むモザイクの切片（テッセラ）はそれほど精緻ではなく、一つひとつが1センチ角ほどの大きさである。1世紀から2世紀には海神ポセイドンと伴侶のアンフィトリテ、海馬、下半身が魚になったトリトンといった神話上の生物のほか、イルカや魚やタコなど、海に関するモチーフが多いが、のちには多様な主題が表されるようになる。壁や天井まで状態よく残っている遺構は少ないが、ポンペイの公共浴場では天井にストゥッコ（漆喰）装飾が施されている例も見つかっている。

　ローマの大規模なテルマエには、数多くの大理石彫刻も飾られていた。皇帝や浴場の建設者の肖像のほかに、神々の像や古代ギリシャの有名作品のコピーが、壁面に設けられたニッチや円柱の間の台座の上に並んでいた。主題は適当に選ばれたわけではなく、浴場にふさわしいものが選択された。特に多いのは、酒神ディオニュソスとその眷属、愛や美を司る神々（ヴィーナス、キューピッド、三美神）、癒しの神々（医神アスクレピオスやその娘である健康女神のヒュゲイア）の像で、ほかにも浴場のルーツのひとつであるギュムナシウム（運動施設）にちなんだアスリート像や、それを守護するヘラクレスの彫像などが、浴場の遺跡から数多く見つかっている。ローマ最初のテルマエであるアグリッパ浴場には、ギリシャ美術の傑作、彫刻家リュシッポスのアスリート像《垢を掻く人》が置かれていたという。ローマのカラカラ浴場で出土した高さ3メートルを超える有名な《ファルネーゼのヘラクレス》（p. 14、参考図版3）も、原作はリュシッポスの作品で、それを浴場にあわせて巨大なスケールでコピーしたものである。(K.H.)

106
ヴィーナス
50～79年
エルコラーノ、「モザイクのアトリウムの家」(IV 2,1) 出土
フレスコ
縦72cm、横60cm
ナポリ国立考古学博物館 inv. 8947

上半身に透けた衣をまとい、下半身に赤いマントを巻きつけた美の女神ヴィーナス(アフロ
ディテ) が、右手で肩のヴェールを持ち上げ、左肘でかたわらの角柱にもたれ掛かっている。足
の下には台座らしきものが描かれており、前5世紀末に彫刻家アルカメネスがアテネのアフロ
ディテ神域のために制作した彫像《庭園のアフロディテ》を思い起こさせる。(K.H.)

107
恥じらいのヴィーナス
1世紀
ポンペイ、アポロ神域出土
大理石
高さ130cm
ナポリ国立考古学博物館　inv. 6294

慎ましやかに右手で胸を、布をつまんだ左手で恥部
を隠すしぐさをする全裸のヴィーナス像。これは「恥
じらいのヴィーナス（ウェヌス・プディカ）」と通称さ
れる彫像タイプで、ヘレニズム時代からローマ時代
に、コピーや衣の有無や位置が異なるヴァリアント
が多数つくられた。このヴィーナス像はアポロ神域
で出土したが、すぐそばのヴィーナス神殿の改修作
業にともない一時的にこの神殿に置かれていたとい
う可能性もある。(K.H.)

108
ヘラクレス小像
前1〜後2世紀
青銅
高さ20cm
MIHO MUSEUM

左脚を軽く曲げて右脚に体重を乗せ、頭部をわずかに左肩の方へ巡らせたヘラクレスの小像。頭から
かぶったライオンの毛皮の端を左腕に巻きつけ、右手には棍棒を握る。棍棒の先は欠損しており、目
には象嵌の痕跡がある。髭のない若者の姿をしており、小さな頭部と引き締まった身体は、アレクサ
ンドロス大王の肖像をつくったことで知られる彫刻家リュシッポスの様式にのっとっている。(K.H.)

109
海から上がるヴィーナス
1世紀
ボンベイ、「メンミウス・アウクトゥスの家」
(VI 14,27)、アトリウム (b) のララリウム出土
大理石
高さ37cm
ナポリ国立考古学博物館　inv. 110602

下半身にマントを巻いた姿で、両手を上げ、濡れそぼった髪を絞るヴィーナスの小
像。端が蛇の形をした金の腕輪を両腕にはめ、首元にはフィリグリー（金綿細工）
の首飾りをつけている。すぐそばで見つかった金の耳飾りも、この女神像のもの
だろう。
前4世紀の画家アペレスによる絵画《海から上がるヴィーナス（アフロディテ・アナ
デュオメネ）》は高い名声を博し、ヘレニズム時代にはその彫刻ヴァージョンがつ
くられた。この小像も、そうした彫刻作品に基づいている。(R.C.)

110

ヘラクレスのトルソ
1〜2世紀
大理石
高さ51cm
個人蔵

頭部、両腕、左下脚と右足
が欠損しているが、筋骨隆々
とした逞しい身体や、背中に
はおったライオンの毛皮か
ら、英雄ヘラクレスの像であ
るとわかる。毛皮には赤みが
かった顔料の痕跡が認めら
れる。ヘラクレスは運動の場
であるギュムナシウムの守護
神でもあり、その彫像は浴場
にも好んで飾られた。(T.O.)

111
牧神頭部
1世紀
多色モザイク
縦47cm、横43.5cm
石橋財団アーティゾン美術館

山羊の角をもつ牧神パン（ローマのファウヌス）の頭
部のみが、四角い枠の中に表されている。モザイク
とは、モルタルの下地に石や陶器、ガラスなどの小
片（テッセラ）を密集させて埋め込み、絵や模様を描
く技法。この作品では形象部分には細かなテッセラ
が、枠には大きなテッセラが用いられている。(T.O.)

カラカラ浴場（ローマ）、現在も残る床のモザイク模様

有馬温泉（兵庫）、土産店めぐりも楽しい温泉街

別府温泉（大分）、湯けむりたなびく街並み

海地獄・別府温泉（大分）、美しいコバルトブルーが目を引く別府を代表する地獄のひとつ

OMNES THERMAE ROMAN DVCVNT...

# テルマエと私

ヤマザキマリ（漫画家・文筆家・画家）

　古代ローマ人が日本の銭湯に現れるなんて、いったいどこからあんな発想が浮かんできたんですか、という質問をこれまでにいったいいくつ受けてきたか計り知れないが、私の答えは「長い間湯船に浸かることができなかったから」というひとことに尽きる。気候や地質的条件から常に豊富かつ新鮮な水をいつでも供給されている日本の人々が、普段の生活で入浴への欲求に打ちひしがれるようなことは滅多に無いだろう。だから、忙<sub>せわ</sub>しない現代ではお風呂にいちいち入らなくてもシャワーで十分、水道代も勿体無いしお風呂はゆっくり寛ぎたい時に入ればいい、としている人々も少なくないはずだ。

　しかしそうした入浴の捉え方も、私に言わせてみれば、容易にお風呂に入れないという状況下に数カ月も置かれれば、誰しも強烈な入浴への枯渇感に打ちひしがれることになるだろう。さもなくば、地震や津波など大規模な自然災害発生直後の対応として、即席の屋外浴場を設えるために自衛隊が迅速に稼働するなんてことは考えられない。イタリア半島も日本と同じく火山列島で、特に中部では数年ごとに大規模な地震が発生するが、被災地に簡易入浴施設がつくられるような対応がされたことはない。

　2022年、宇宙ステーションで165日間に渡る滞在を経て無事地球に帰還した宇宙飛行士の古川聡さんは、カプセルから外へ出るやいなや「今一番何がしたいですか」と問いかけられたのに対し「たまっているお湯のお風呂に入りたいです」と即答していたが、それを見て激しい同調の思いに胸が熱くなった。「たまっているお湯」という表現が痛く響いたからなのだが、浴槽にためられた暖かいお湯によって表面積を包み込まれるという感覚は入浴という方法でしか得られない。日本という風土に生まれた人間であれば、私のように長い海外移住者であっても、古川さんのような宇宙飛行士であっても、入浴への欲求が潜在意識から払拭されるということはないのだ。

　湿気の多い日本と乾燥した地中海性気候の違いも入浴の必然性に大きく関わっているとは思うが、私たち日本人にとっての入浴は単に体を清潔に保ちたいからでもなく、温まりたいということだけでもない。私たちはお風呂に入ることで、体の外側と内側に付着している老廃物が排出されることを知っている。おそらくそれが入浴を欲する一番大きな理由なのではないだろうか。

　神道の世界においては定まった一定の年限で社殿をつくり替える「式年遷宮」や「式年造替」といった儀式があるが、それも清潔な体でお湯に浸かることにより、精神面での新陳代謝がもたらされる日本独自の入浴文化の性質と関わりがあるように思うし、心身の健康を保って生き延びるための入浴という意味では、広大な帝国の領地の辺境に配置されていた軍隊ですら可能な限り浴場を設え、そこで自らに付着した疲労やストレスを洗い流し、明日への体力を回復させていた古代ローマ人達の精神性にも繋がるものがある。

　肉体と精神を癒やし、健やかな感覚に導いてくれる上、施設によってはそこであらゆる娯

楽や教養も身に付けることができた古代ローマの浴場は、帝国のテリトリーを拡大していく上で劇場と並んで欠かせない外交手段でもあった。

　私が『テルマエ・ロマエ』という作品を描いた動機と発想の根底には、入浴への枯渇感のほかにもさまざまなファクターが関わっているが、なかでも決定的だったのは、中東シリアでの滞在経験である。まだアラブの春と言われる内戦が始まる以前の平和だった時代、比較文学を研究する夫のリサーチに伴ってダマスカスに暮らしていた際に、3度ほどシリア国内を巡って、ありったけの遺跡を訪れたことがあった。その時に何より印象的だったのは、古代ローマの属州となった都市には必ずといっていいくらい、浴場の形跡が残っていたことだった。古代ローマ帝国の東端でありイラク国境のユーフラテス川沿いにあるドゥラエウロポスという要塞には、紀元3世紀にササーン朝によって攻撃された時に崩された壁とともに浴場の痕跡も残っていたし、シリア砂漠の隊商都市として栄えたパルミラにもセプティミウス・セウェルス時代に建造されたとされる立派な浴場の跡があった。

　「クレメンティア（寛大）」をモットーとする古代ローマがその勢力を拡大する上での特徴は、戦を経て属州を獲得したところで、相手の民族の生活習慣や宗教、そして文化を払拭するのではなく、そこに新たに古代ローマの社会システムを導入してもらうというものだが、それについては我々日本人が第二次世界大戦後、GHQによってアメリカのさまざまな社会的・文化的コンテンツを受け入れることになった3S展開を思い起こせば簡単かもしれない。アメリカが日本人にもたらした倫理観も去ることながら、快楽物質であるドーパミンを誘発するエンターテインメントの数々は積極的かつ好意的に受け入れられた。それと同じように、古代ローマは自分たちの信仰する神々の神殿とともにインフラと劇場、そして浴場という娯楽と快楽を奉仕することで、相手側に快く自分たちの介入を受け入れてもらうという枠組みをつくり上げていった。いつの時代のどの民族も、娯楽と快楽こそ命にとって最善の栄養素だと捉えているということなのだろう。『テルマエ・ロマエ』の主人公であるルシウスは、まさにそんな国策の手腕として活躍する浴場技師なのである。

　ルシウスの時代に皇帝として君臨していたハドリアヌスは、古代ローマ皇帝史上特化して文化度の高い人物のひとりであり、彼自身、後世に建築を学ぶ人間が教科書で必ず触れることになる敏腕の建築家という、皇帝としてかたやぶりな側面を持っていたことも、私の漫画があそこまで突飛かつ自由な想像を膨らませることのできた理由になっている。しかし、その研ぎ澄まされたインテリジェンスはおそらくローマの中枢を司る多くの人間にとっては煙たいものであり、ハドリアヌスはローマに滞るのを避けるかのように、属州の視察を自らの主な任務として1年中旅に出掛けていた。その際に、ハドリアヌスを迎え入れる土地の富裕層の人間は、当時のノーブレス・オブリージュ精神にのっとって、民衆が喜ぶ劇場や、道路や浴場といったインフラ設備をあらかじめ整えていたと言われている。要するに、ハドリアヌスという

人物の存在自体が古代ローマにおける文化繁栄のきっかけとなっていたわけだが、そんな統治者のいた時代があったことを今のような時代を生きる私は少し羨ましくもなるのだった。

　古代ローマ史研究家の本村凌二先生が江戸と古代ローマの比較を綴った著書『テルマエと浮世風呂』を読んでみると、人口100万都市だった江戸は上水道が発達し、街中にはいくつもの湯屋がおかれ、毎日のように通っていた人々もたくさんいたという。しかも中には茶菓子や囲碁・将棋が楽しめる座敷が設けられていたり、湯屋としての営業の後脱衣場が女性による接待の場と化したりするようなものもあったそうで、その様子を想像するにまるでカラカラ浴場の縮小版である。ルシウスのような時空を旅する古代ローマ人の出入りがあったはずもないのに、時間差で浴場文化にこれほど同じような発達が見られる点は大変興味深い。

　イタリア半島も日本も南北に細長く火山が点在し、自然災害と向き合い続けてきた点など、地政学的にも似たような文化が発生する条件が揃っているとも言えるが、地表のあちらこちらから硫化水素が噴煙を上げている、例えば箱根の大涌谷のような場所を「地獄」や「地獄への入り口」などと名付けるセンスにしてもそっくりだ。そういった場所で湧き出している、神がかりのパンチ力を持った温泉は病気にも有効とされ、湯治という療法も発生するが、日本にもラジウム泉の湯治場として有名な秋田の玉川温泉など、場所は離れていても比較の対象となる地域はいくつもある。特定の宗教に拘束されない、森羅万象と民間信仰といった自由な解釈が許されている社会であったことも、双方の相似の数々を解釈するうえで踏まえておくべき点かもしれない。

　ただ、ハドリアヌスの時代から200年もすると、古代ローマの入浴文化は戦争や宗教への傾倒によって徐々に廃れていく。浴場のメンテナンスには膨大な費用が必要なだけではなく、戦が勃発すれば敵が真っ先に壊すのが都市を機能させなくするための、水道や道路といったインフラ設備であることは、現在進行形の戦争を見ていても明らかだが、そこにキリスト教という裸をタブー視する宗教の力が深く広く根付き始めたことも、大きく起因している。

　紀元392年にキリスト教が国教化し、北方民族の侵略が相次ぐなか入浴という習慣は人々

バイアに残る古代ローマ時代の総合浴場施設。メルクリウスの神殿にて友人と

から失われ、その後浴場文化がかつてのようなレベルに復興することはなかった。現代も古代ローマ由来とされる温泉地はいくつもあるがほぼレジャー施設化し、水着を来て浮き輪を持った老若男女がプールを利用する時と同じノリで楽しんでいる。イタリア人の夫などは温泉に関心があると言っていながら、日本へ来始めたころは全裸で見知らぬ人と一緒にお湯に浸かることに激しい抵抗を感じていた。ちなみに湯の温度も40度以上になると熱すぎて足も浸せないとのことだった。古代ローマ人の末裔にしてはなんとも頼り無い顛末だと伝えると、自分の血にはおそらくゲルマン系が多く含まれているのだというのが言い訳だった。

　今の地球において、古代ローマ時代の浴場文化の深さや必然を深く理解できるのは、おそらく日本人だけなのではないかと感じて『テルマエ・ロマエ』のような漫画を創作したが、もし現代でも古代ローマ帝国が存続していたら、日本は間違いなく彼らにとって一番馴染みやすい人気の観光地になっていたに違いない。同時に、私たち日本人も古代ローマでは同じように現地のお風呂を楽しめたはずだ。だから、こうした展覧会も開催されることになるのだと思う。他の国では浴場文化にスポットを当てた古代ローマ展などという企画すら上がらないだろう。

　そして創作を生業としている私としては、浴槽にためられた暖かいお湯に包まれる、あの命を労われるような究極の安堵感を共有し合える人種として、漫画という世界の中でいつまでも仲良く付き合わせていきたいと思っている。

今も火山活動が活発なカンピフレグレイのソルファタラ。硫黄の匂いの立ち込めるこの場所の別の呼び名は"地獄の入り口"

時世粧年中行事之内　競細腰雪柳風呂（部分）　pp. 142-143　No. 124

# 第4章 日本の入浴文化

　本章から、日本の入浴文化について取り上げる。日本の入浴は、おおまかに、天然の温泉と、人工的な施設で行うものとに分けられるだろう。火山列島のため豊富に温泉が湧く日本では、古くから各地の温泉が重要な資源として地域の住民によって守られ利用されてきた。人工的な入浴施設は、仏教の寺院内につくられ、汚れと穢れを清める場として広まっていった。江戸時代には町の中に湯屋が整備され、お湯に浸かるという現代にいたる入浴のスタイルが定着した。本章では、こうした日本の入浴に関する美術品や資料を紹介する。入浴という非常に幅広いテーマの全体を捉えることはできないが、古代ローマに勝るとも劣らない関心をもって、この習慣を保ってきた日本の歴史の一端をみていきたい。

　奈良時代に成立した『日本書紀』には、天皇が行幸し滞在する場として有馬温泉が登場する。いにしえから続く温泉は、行基や弘法大師といった高僧による開湯と伝わるところも多く、長い歴史の中で盛衰を経て中世に再興されたという場所もある。別府温泉には、一遍上人の名が残されている。鎌倉・室町時代には、箱根、熱海、草津といった著名な温泉地も開かれていった。戦国時代には、武田信玄の隠し湯のように、武将たちが療養のため領内の温泉を訪れることもあった。豊臣秀吉は有馬に滞在用の別荘である湯山御殿を建て、温泉で茶会を催すなど、温泉は娯楽や交流の場としても重要なものであった。

　人工的な施設での入浴は、水を熱し、その蒸気を浴びる蒸し風呂が基本であった。仏教とともに日本にもたらされ、僧侶が穢れを払い、病気を治す目的の経典に基づく行いであったが、功徳を積むために人々を入浴させる「施浴」も行われた。次第に有料の入浴施設も登場し、室町時代末頃には京都周辺に、さらに江戸時代には人口の急増した江戸の町のあちこちにつくられ、生活習慣のひとつとして取り入れられるようになった。江戸でもはじめは蒸し風呂であったが、のちに多くの水と燃料を必要とする全身浴の可能な湯屋へと進化し、庶民が湯に浸かり心身を癒やすことのできる場として親しまれるようになる。

　江戸時代には、伊勢参りや富士講といった旅が庶民にも広まり、人々は湯治を目的に温泉地を訪れるようになった。諸国の温泉の効能や、湯治の心得の情報を得ることのできるランキングやガイドブック、旅をした人間による紀行文も流行した。さらに明治以降、湯治ではなくレジャーとして温泉を楽しみ、名所とあわせた観光が旅の主目的となっていく。日常的な入浴は銭湯に行くことが一般的であったが、太平洋戦争後、住宅インフラの向上とともに家庭でも湯を沸かして入る内風呂が普及した。家で風呂に入り、時に銭湯に行き、旅行で温泉を訪れる。日本の入浴は、単なる生活習慣を超えて、人の移動や地域の歴史と結び付き、ひとつの文化を形成している。(T.O.)

# 4-1. 入浴と信仰

　日本では、古くから温泉が湯治などさまざまな目的で利用されてきた。その起源を求めることは難しいが、『日本書紀』では、現代でも名湯として知られる各地の温泉地の記述が見られる。また、同書には、飛鳥時代に欽明天皇と孝徳天皇が現在の有馬温泉（兵庫県）に訪れ、湯治を行ったことも記されている。しかし、湯治は、天皇など位の高い人間に限られ、多くの人には入浴という文化はなかった。

　入浴文化の広まりは、仏教によって入浴の功徳が説かれたことや日本古来の観念である穢れ意識に起因すると考えられている。入浴施設は、寺院内につくられ、人々を入浴させる「施浴」を重視した僧たちによって広まっていった。当時の入浴とは、現代のように湯船に浸かるものではなく、熱した蒸気を浴びる蒸し風呂がほとんどだった。その様子は文献や絵巻などにも描かれ、発掘調査によって蒸し風呂の遺構も見つかっている。

　このように温泉地と宗教・信仰の関わりは深く、さまざまな説話が各地に残されている。(T.K.)

行基はお告げに従って温泉を探し、薬師如来の石像を造り、温泉寺を開創する

112
有馬温泉寺縁起絵巻
内藤喜昌
江戸時代
紙本著色
縦34.8cm、横1213.7cm
兵庫県立歴史博物館

入浴文化のはじまりは、仏教が説く入浴の功徳と日本古来の「穢れ」の意識

僧・行基は全国で橋や池などをつくりながら、民衆に仏教を布教する

行基は有馬に向かう途中、病者に出会う

行基が病者の悪瘡をなめたところ、
病者は薬師如来となり温泉を開くように告げた

病者は生魚を所望したため、行基は自ら調理して食べさせた

行基は有馬温泉が除病延命の益をもたらすよう祈願する

有馬温泉にある温泉寺の由来や伝説を描いた絵巻物。詞書
と図それぞれ13段から構成されているが、説話の内容と合致
していない箇所があることから、図が欠落している可能性が
指摘されている。奈良時代の僧・行基（668〜749）による温
泉寺開創や鎌倉時代の仁西上人による有馬再興と繁栄など
が巧みな筆で描かれている。図を描いた内藤喜昌は、江戸
時代中期の京狩野の絵師と考えられている。(T.K.)

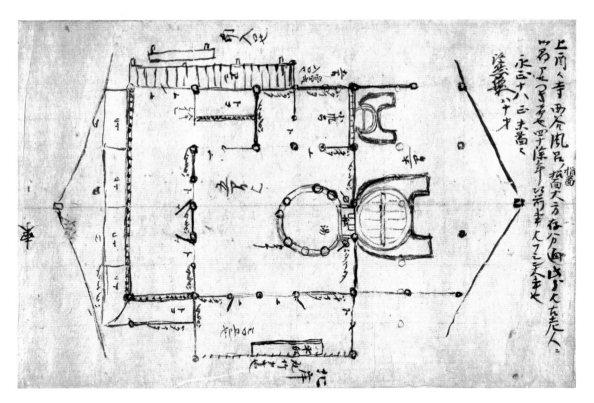

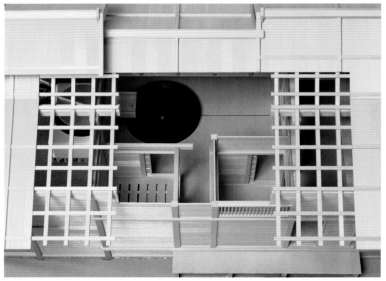

113

上醍醐西谷湯屋 復元模型
平成14年（2002）
木材ほか
縦100cm、横115cm、高さ60cm
国立歴史民俗博物館

京都の醍醐寺に遺された「上醍醐
西谷湯屋指図」をもとに、西谷に
あった湯屋を再現した模型。指図
は永正18年（1521）に描かれたが、
40年ほど前を回顧したものである
ため、表されたのは15世紀後半に
おける寺の風呂の様子である。浴
室には、蒸気を送り込む蒸し風呂
式の「風呂（炉）」があるほか、焚き
場の大釜に接続された大きな円
形の湯釜をもつ湯船も確認できる。
（S.M.）

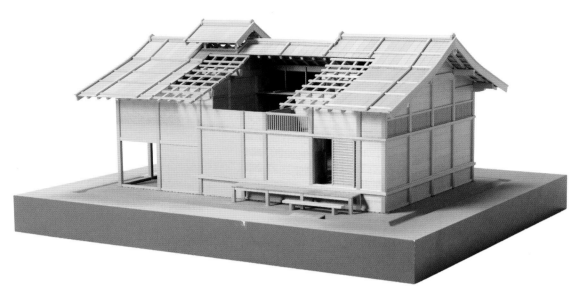

15世紀の寺院の湯屋を再現

参考図版1

蒸し風呂
桃山時代
神戸市

豊臣秀吉が建造を命じた湯山御殿*から見つ
かった湯屋に関する遺構のひとつである。床
面に有馬温泉特有の酸化鉄の沈殿（湯垢）が
確認できないため、蒸し風呂であったと考え
られている。蒸し風呂は形状の異なる2種が
確認され、手前の遺構は床に砕石を敷き詰
め、奥の遺構は、砕石はないが床下に蒸気を
引く配管がある。(T.K.)

*湯山御殿（湯山遺跡）
有馬を直轄地とした豊臣秀吉は、文禄3年（1594）に自ら
の御殿を建設。御殿は、「慶長大地震」によって倒壊したが、
慶長3年（1598）に再建された。しかし、同年に秀吉は亡く
なり、徳川治世下となった後に御殿も取り壊された。
阪神・淡路大震災で罹災した有馬極楽寺の庫裏建て替え
工事にともなう発掘調査で姿を現した本遺跡からは、蒸し
風呂、岩風呂、源泉、湯溜め、樋（湯を引くためのパイプ）な
どの秀吉の御殿の遺構が確認されている。(T.K.)

参考図版2

蒸し風呂（上屋構造の復元）
太閤の湯殿館

114
洗湯手引草
向晦亭等琳
嘉永元年（1851）刊
木版墨摺
縦24cm、横16.5cm
慶應義塾大学信濃町メディアセンター
（北里記念医学図書館）

湯屋の業務について記した往来物。巻頭の「洗湯之由来」には、聖武天皇の后である光明皇后（701〜760）の千人風呂伝説が掲載されている。皇后は仏の啓示によって千人の垢を洗い清めることを誓い、破風造りの風呂を建て、自ら人々の垢を流した。最後に訪れた人は重い皮膚病を患っていたが、皇后が膿を吸ったところ金色に輝き、阿閦仏（あしゅくぶつ）であることを告げて姿を消したという。(S.S.)

115
都名所図会
秋里籬島著　竹原春朝斎画
安永9年（1780）初版
木版墨摺
縦27.4cm、横18.7cm
神戸市立博物館

近世京都の代表的な地誌のひとつ。巻之三には、京都北東部の山間に位置する八瀬が紹介されている。八瀬は古くから市中に薪炭材を供給してきた地域であり、小原女（おはらめ）と呼ばれる女性たちが薪を担いで都まで運んでいた。同地には豊富な薪炭材を利用した窯風呂が7、8軒建ち並んでいたと伝わっている。窯風呂は、葉の付いた青柴を蒸し、その蒸気を浴びる仕組みであった。(S.S.)

# 4-2. 戦国武将と温泉

　記録に残るだけでも約1300年前から日本人が利用してきた温泉は、中世以後、さまざまな階層の人々に広まるようになる。日本に禅宗が伝わって以来、各地を行き来する禅僧が湯治を行うようになり、その様子が記録されるようになった。禅僧らが、湯治の合間に温泉付近の名所を訪ねたり、公家らとともに歌会を催すなどしたことで、温泉地は文化的な社交場としての機能を備えるにいたった。

　そして、各地で活躍する武士たちも温泉を利用するようになった。医学が発展していないなか、戦乱による傷の療養に温泉は生かされた。武田信玄のように、山奥など一般の庶民が利用できないような、いわゆる「隠し湯」を領内に整備するものや、豊臣秀吉のように温泉地を別荘として利用するものなど多様であった。それらは戦国武将ゆかりの温泉として、人気を得ている。(S.M.)

116
武田信玄像
土佐光起
貞享5年（元禄元年・1688）
紙本著色
縦83cm、横38.2cm
山梨県立博物館

117
武田信玄像
江戸時代
絹本著色
縦82.7cm、横33.3cm
山梨県立博物館

温泉好きとして知られる甲斐の戦国大名・武田信玄（1521〜1573）の姿を描いた画像。武田氏の戦略・戦術を記した軍学書『甲陽軍鑑』（江戸時代初期成立）によると、信玄は天文17年（1548）の塩尻峠の戦いで負傷し、志摩の湯（湯村温泉）での湯治によって10日ほどで政務に復帰したとある。また、「信玄の隠し湯」と呼ばれる温泉が、山梨県や長野県などに多数存在している。(S.M.)

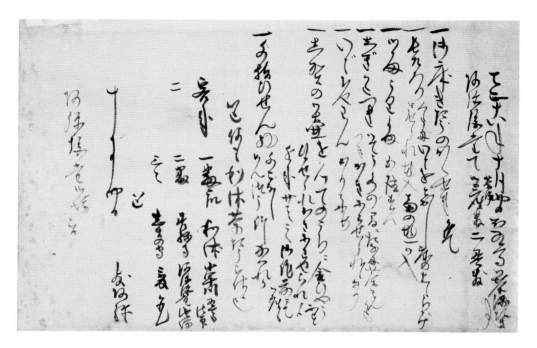

118
有馬茶会記 友阿弥筆 阿弥陀堂宛
天正18年（1590）
紙本墨書
縦27.1cm、横42.3cm
五島美術館

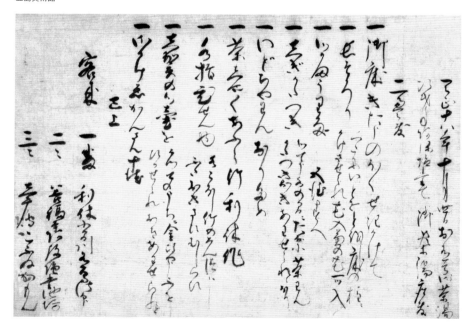

119
有馬茶会記
天正18年（1590）
紙本墨書
縦30.5cm、横43.5cm
善福寺

天正18年（1590）、小田原攻めで北条氏を滅ぼした豊臣秀吉は、戦いの疲れを癒やすため、同年9月25日から10月14日まで有馬温泉に出向いている。本書状は、そのおり阿弥陀堂にて10月4日に催された茶会を記録したもの。茶会には、秀吉所持の逸品の茶道具が用いられ、千利休や秀吉の同朋衆のほか、有馬の有力者たちも招かれた。(S.M.)

120
豊臣秀吉像
桃山時代
紙本著色
縦81.6cm、横36.9cm
神戸市立博物館

有馬温泉をこよなく愛した豊臣秀吉
（1537〜1598）を描いた画像。慶長3年
（1598）に没した秀吉は、朝廷から「豊
国大明神」の神号を贈られ、京都東山
七条の豊国社に祀られた。烏紗帽をか
ぶり、上畳に坐する直衣・指貫姿の秀
吉は、右手に笏（または檜扇）を持ち、
左脇に太刀を立て掛ける。上部の蟇股
には桐文が、背景には淡墨で桐図が描
かれており、豊臣家の家紋が意識的に
配されている。神格化された秀吉の威
厳ある姿を伝える作品である。(M.Y.)

参考図版1
伊豆山走湯大権現（『箱根権現縁起絵巻』）
紙本著色
縦29.3cm、横47.5cm
天正10年（1582）
個人蔵

2巻1組の本絵巻のうち下巻第24紙に描かれた伊豆山走湯大権現（現在の熱海市の伊豆山神社）の図では、堂内あるいは露天で湯浴みする人々の姿が活写される。伊豆山温泉の「走り湯」の名の由来となった山腹から湧き出た湯が海岸へ飛ぶように走り落ちるさまや、湯を湛えた浴槽なども描写され、戦国時代における温泉地での入浴の様子を知ることができる。熱海の湯をこよなく愛し、幾度も湯治のために熱海を訪れたと伝えられる徳川家康も、湯治の合間に伊豆山権現に参詣した。(A.H.)

参考図版2
岩風呂
桃山時代
神戸市

豊臣秀吉の湯山御殿から見つかった湯屋に関する遺構のひとつである。2種類ある岩風呂はどちらも床面に酸化鉄が沈殿していたことから、湯に浸かる形態であったと考えられる。そのなかでも参考図版2は自然の岩盤を利用し、岩肌の裂け目に湯が流れていた構造と推定できる。後世の掘削穴などにより、付随する建物の確認はできなかった。この場所からは、軽石（No. 121）が出土している。(T.K.)

121
軽石
桃山時代
石
高さ8.3cm
神戸市

岩風呂（参考図版2）から出土したものである。身体をこすり、垢を落とすのに使用されていたと考えられる。上部に開いた穴は、紐を通すための穴であろう。重さは68グラムである。(T.K.)

# 4-3. 江戸の入浴文化

　現代人にとって入浴は、日々の生活のなかで欠かせない習慣となっているが、日本でこの習慣が定着したのは江戸時代に入ってからである。ただし、水や燃料が貴重で、火事も多かった江戸では、内湯のある住宅をもつことができたのは、大名や富豪などごく一部の人に限られ、庶民の多くは銭湯を利用していた。江戸の銭湯は、徳川家康が江戸入りした翌年の天正19年（1591）に伊勢与一という人物が現在の東京駅近くの銭瓶橋（ぜにかめばし）近辺で開業したのがそのはじまりとされるが、たちまち評判となり、人口の増加とともに数を増やしていった。慶長年間（1596～1615）の終わり頃には、「町ごとに風呂あり」といわれるほど普及したという。初期の銭湯は、現代のサウナに近い蒸し風呂であったが、その後、少量のお湯を張った湯船に腰ぐらいまで浸かる半身浴スタイルの銭湯が現れ、江戸時代後期には現代と同じように肩までお湯に浸かる入浴法が一般的になっていた。一方、江戸時代は、全国各地の温泉場が整備され、湯治文化が定着した時代でもある。人の移動は厳しく制限されていたものの、病気治療のための湯治の旅は、伊勢神宮等の寺社参拝と同じく特別に認められていたからである。治安が安定し、東海道などの交通網が整備されたことも、庶民の旅を後押しした。医療の発達が十分でなかったこともあり、温泉療法への関心は一際高かった。温泉場や湯治に関する書物もこの時代に数多く発行され、全国各地の温泉場をランク付けした温泉番付も残っている。人気の温泉場には歓楽街が形成され、名所旧跡を巡る物見遊山を兼ねて旅する者も多かった。(K.Y.)

122

江戸名所百人美女 御殿山
歌川国貞（三代歌川豊国）
安政5年（1858）
木版色摺
大版錦絵　縦35.8cm、横24.6cm
ポーラ文化研究所

江戸時代後期に活躍した浮世絵師・歌川国貞（三代歌川豊国）（1786～1864）による美人画の揃物『江戸名所百人美女』の中の一図。たらいにお湯を張り、ぬか袋で体を洗う女性が描かれている。精米時に米から取れるぬかは、皮脂や汚れを浮き上がらせる成分とともに保湿効果に優れた油分を含み、現在も美容品等に使われている。図中のぬか袋は、木綿や紅絹（もみ）でつくった袋にぬかを入れたもので、当時はこれをお湯に浸して顔や体を洗う際に使っていた。(K.Y.)

123
湯屋模型
三浦宏
1980年代
幅79cm、奥行き154cm、高さ74cm
個人蔵

江戸時代後期の湯屋の模型。入口は男湯と女湯で分かれており、入ると番台があり、脱衣場からそのまま洗い場へと続いていた。洗い場の床は勾配があり、体を洗い流したお湯が中央の溝から排水されるように設計されている。洗い場の奥には石榴口（ざくろぐち）と呼ばれる背の低い出入口があり、その奥に湯船があった。湯船のある部屋は、照明がなく湯気も立ち込めていたため、ほとんど視界がなかったという。お湯は裏の釜場で焚いていた。2階は、男湯からのみ上がれる構造となっており、男性専用の休憩所として利用されていた。正面の2階に掲げられた弓矢は、当時の銭湯の目印で、「弓射る」を「湯に入る」に掛けたもの。(K.Y.)

洗い場

2階

窯場

江戸の華の喧嘩は
女風呂でも

142

124
時世粧年中行事之内
（いまようねんぢゅうぎょうじ　のうち）
競細腰雪柳風呂
（くらべこしゆきのやなぎゆ）

落合芳幾
明治元年（1868）
木版色摺
大判錦絵3枚続　各縦36.5cm、横25cm
神戸市立博物館

幕末から明治にかけて活躍した浮世絵師・落合芳幾（1833～1904）が描いた幕末期の銭湯の女湯。洗い場で俄かにふたりの女性の喧嘩が始まり、多くの女性たちの視線が注がれている。画面左端には女性が腰を屈めて出てこようとしている背の低い出入口があるが、これはこの奥にある湯船のお湯が冷めにくくするための工夫で、石榴口と呼ばれた。石榴口の語源は、「かがんで入る」の「かがみ入る」と「鏡鋳る」を掛けた洒落で、鏡を磨くとき使用した石榴からきている。石榴口の横には上がり湯があり、湯船で温まった人はこのお湯で体を洗い流した。広告がたくさん貼られた壁際には上がり湯を程よい湯加減にするための水槽があり、その左側には体を洗うのに使用したぬかを捨てるための箱が見える。(K.Y.)

125
<ruby>時世粧年中行事之内<rt>いまようねんちゅうぎょうじのうち</rt></ruby>　<ruby>一陽来復花姿湯<rt>いちようらいふくはなのすがた ゆ</rt></ruby>
落合芳幾
明治元年（1868）
木版色摺
大判錦絵3枚続　各縦35.9cm、横24.5cm
神戸市立博物館

幕末期の江戸の遊郭の内湯を描いた浮世絵。江
戸では内湯がある住宅はほとんどなく、庶民の多く
は銭湯を利用していたが、遊郭には内湯があり、遊
女たちは営業が始まる昼前にここで体を洗い流し
ていた。銭湯と違い、この内湯には<ruby>石榴口<rt>ざくろぐち</rt></ruby>がなく、
たっぷりと湯が張られた湯船に遊女たちが浸かっ
ている姿を見ることができる。左側の1段高くなっ
た座敷では、手紙を読みながらくつろいでいたり、
身支度をしていたりする女たちが描かれている。<ruby>禿<rt>かむろ</rt></ruby>
と呼ばれた見習いの少女が遊女の世話をしている
姿も確認できる。(K.Y.)

遊郭の内湯
仕事前のひととき

126

はだくらべはな　しょうぶゆ
肌競花の勝婦湯

豊原国周
明治元年（1868）
木版色摺
大判錦絵3枚続　各縦36.5cm、横24.8cm
神戸市立博物館

幕末から明治にかけて活躍した浮世絵師・豊原国周
とよはらくにちか
（1835〜1900）が描いた幕末期の銭湯の女湯。タ
イトルの「勝婦湯」は、端午の節句の「菖蒲湯」を掛
けたものであろう。元旦や五節句など特別な日を紋
もん
日といい、銭湯を訪れる客は少し多めの湯銭をおひ
び
ねりとして渡す慣習があったが、本作品でも番台でお
ひねりを渡す客の姿が確認できる。洗い場で女性の
背中を流す男性は、三助という銭湯の雇人で室内の
清掃をしたり、お湯を沸かしたりといった雑用もこな
していた。壁には落語、入れ歯、薬などさまざまな広
告があり、当時の庶民の関心事がうかがえる。5月5
日の夜の講談の広告も見える。図中に洗髪をしてい
る女性が描かれていないのは、銭湯では洗髪が禁じ
られていたからで、女性の多くは自宅で洗髪をしてい
た。鬢付け油で髪を固めていた当時の女性の洗髪は
びん
非常に手間がかかり、洗髪は月に1、2度程度だった
という。（K.Y.）

**紋日の銭湯**

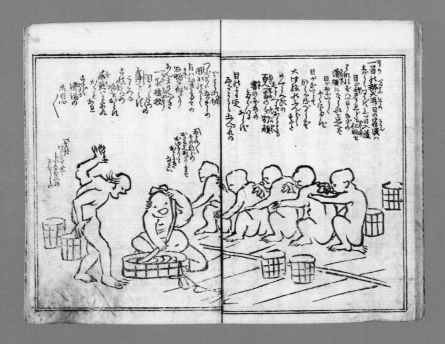

127
浮世風呂
式亭三馬
文政3年（1820）
木版墨摺
縦18cm、横12cm
京都府立京都学・歴彩館

江戸時代後期の戯作者・式亭三馬（1776〜1822）による江戸の銭湯を舞台にした滑稽本。当時の銭湯は、老若男女、身分の上下に関係なくさまざまな職業や階層の人々が日常的に利用しており、一種の社交場のような機能をもっていた。本書は、銭湯で繰り広げられる人々の会話を通して活気あふれる江戸の市民生活を浮かび上がらせた三馬の代表作。挿絵からも当時の賑やかな銭湯の様子が伝わってくる。(K.Y.)

## 128
けんぐいりごみせんとうしん わ
**賢愚湊銭湯新話**

山東京伝作　歌川豊国画
享和2年（1802）
木版墨摺
縦17.8cm、横12.7cm
慶應義塾図書館

江戸時代後期の戯作者・山東京伝（1761～1816）による
江戸の銭湯の日常を軽妙な語り口でつづった黄表紙。銭
湯を訪れるさまざまな客とともにそこで働く人々にも目が
向けられ、当時の銭湯の実態を詳しく知ることができる
貴重な資料となっている。挿絵も充実しており、三助がい
る洗い場の情景や唐破風の立派な石榴口、さらにたっぷ
りとお湯が張られた湯船や2階の休憩所など、銭湯の構
造や利用形態までよくわかる。(K.Y.)

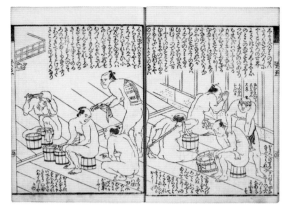

洗い場

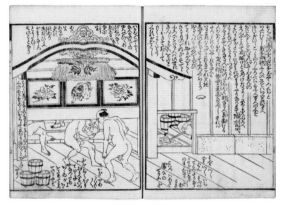

石榴口

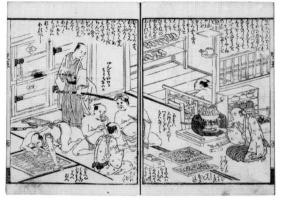

2階

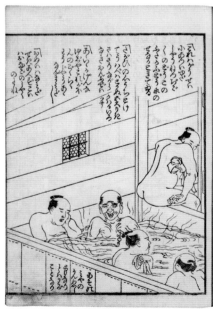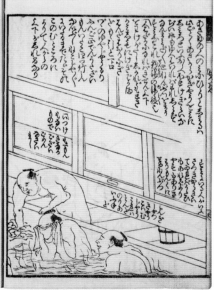

湯船

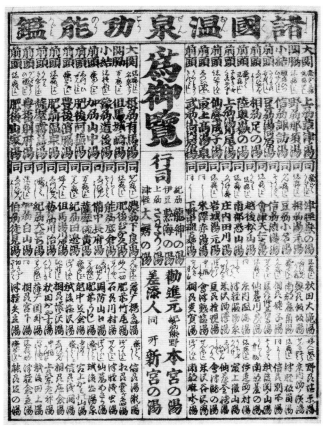

129

130

131
明治大見立改正新版
大日本温泉一覧
明治時代
木版墨摺
縦37.5cm、横25.2cm
神戸市立博物館

129、130
諸国温泉効能鑑
江戸時代後期
木版墨摺
129：縦22.5cm、横16.5cm
130：縦46.9cm、横30.6cm
神戸市立博物館

西の大関・有馬の湯
東の大関・草津の湯
当時の最高位にランクイン

江戸時代中期以降、庶民の娯楽として人気を博した相撲興行において場所ごとに番付表が発行されるようになると、これをまねた「見立番付」と呼ばれるさまざまな番付が流行する。全国各地の温泉場を東西に分けて序列を付けた本資料もそのひとつ。当時の力士の最高位にあたる大関には、古くより名湯として知られた「草津の湯」（群馬県）と「有馬の湯」（兵庫県）が格付けされている。各温泉場の効能についても簡単な記載がある。(K.Y.)

132

有馬湯山道記
貝原益軒
正徳6年（1716）
木版墨摺
縦18.4cm、横12.1cm
神戸市立博物館

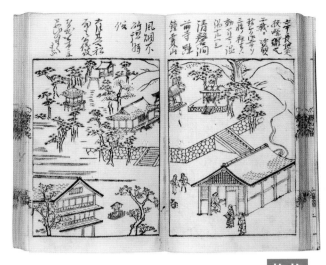

福岡藩に仕えた儒学者・本草学者の貝原益軒
（1630～1714）が京都から有馬にいたる旅をつづっ
た紀行文。益軒は健康な生活を送るための心得を述
懐したその代表的著作『養生訓』においても温泉療
法について詳しく取り上げているが、自身も公務の
傍ら全国各地の温泉場を訪ね、多くの著作の中で紹
介している。本書では有馬へいたる道中案内ととも
に温泉の効能、湯治の仕方、名所旧跡、産物などが
記されている。(K.Y.)

133

旅行用心集
八隅蘆庵
文化7年（1810）
木版墨摺
縦18.6cm、横12.8cm
神戸市立博物館

江戸時代は、各地に関所が置かれ、人の移動が厳し
く制限されていたが、伊勢神宮等の寺社参拝や病気
治療のための湯治の旅は特別に認められており、多く
の人々はこれらにかこつけて旅を楽しんだ。本書は、は
じめて旅をする人でも安全に旅を楽しめるように道中
において用心すべきことを61カ条にまとめた手引書。
温泉に関する記述も多く、湯治の仕方やその効能とと
もに全国292カ所の温泉場が紹介されている。(K.Y.)

134

熱海温泉図彙
山東京山
天保3年（1832）
木版墨摺
縦22.5cm、横15.5cm
慶應義塾大学信濃町メディアセンター（北里記念医学図書館）

熱海温泉は、徳川家康をはじめとする江戸幕府の
歴代将軍や大名・旗本が湯治に訪れた由緒ある温
泉場で、「御汲湯」と称して、熱海の湯を江戸城まで
運んだ記録も残っている。本書は、江戸の戯作者・
山東京山（1769～1858）による熱海温泉の案内
書。熱海温泉の由来や効能、入浴法、名所、産物な
どについて詳しく記されている。文政年間（1818～
1831）には、熱海で汲まれた湯が樽詰めされて江戸
の市中で売られていたことも紹介されている。(K.Y.)

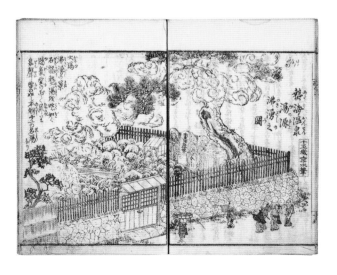

芦之湯全図

江戸から徒歩2日の
箱根は大賑わい
工夫を凝らした
風呂も人気

135
七湯の枝折
なな ゆ　　　し おり
文窓・弄花
文化8年（1811）
紙本著色
縦29.2cm、横702.7cm
箱根町立郷土資料館

江戸時代の箱根には、湯本、塔ノ沢、堂ヶ島、宮之下、底倉、木賀、芦之湯という7つの温泉場があり、「箱根七湯」と呼ばれて
いた。ここは江戸から徒歩2日ほどの距離にあり、東海道も近かったため、当時から多くの湯治客で賑わっていた。本作品は、
文窓と弄花のふたりにより編纂された箱根温泉の湯治の手引書。それぞれの温泉場の絵図が添えられ、泉質や効能、見どこ
ぶんそう　 ろう か
ろなどが詳しく紹介されている。多くの写本が存在し、木版本も出版されているが、本巻は作者自身による浄書本。
《芦之湯風呂内之全図》では、芦之湯の浴室の様子が詳しく描かれている。これによると、右から石敷きの底から源泉が湧き出
すぬるめの「底なし湯」、やや熱めの「中の湯」、幕を張って貸し切りができる「小風呂」、最も広い「大風呂」の4つの浴室があっ
たことがわかる。(K.Y.)

芦之湯風呂内之全図

# 4-4. 近代以降の入浴文化

　明治維新後、富国強兵を掲げて近代化を目指した日本では、浴場をとりまく文化や環境も大きく変化した。交通網が整備され、離れた場所からも容易にアクセスが可能となった温泉地は、旅行やレジャーを目的で訪れる浴客が増え、単なる湯治場から観光地へと変容していった。一方、公衆浴場の銭湯は、国民の健康維持に不可欠な施設として発展した。明治時代には、江戸の湯屋に見られた石榴口は廃止され、また湯気抜きのための天井窓が設けられるなど、衛生的で明るい空間の銭湯が誕生した。銭湯の軒数は東京では昭和43年（1968）をピークに減少するが、対照的に、昭和30年代に急速に普及したのが住宅の内風呂である。この頃には、石鹸とシャンプーの品質と使い勝手も向上し、人々はこうした洗浄料を上手く利用しながら、住居内での毎日の浴槽入浴を習慣化させていった。

　西洋文明を積極的に吸収する一方で、古来の伝統や習慣も保ちながら進化していった近代以降の日本の入浴スタイルや浴場は、世界でも類を見ない豊かで多層的な文化をつくり出している。(A.H.)

137
こうずけのくに い か ほ おんせんゆうえんの ず
上野国伊香保温泉遊宴之図
三代目歌川広重
明治15年（1882）
木版色摺
大判錦絵3枚続　各縦36.8cm、横24.7cm
神戸市立博物館

136
こうずけのくに い か ほ おんせんよくきゃくやま い ぜんかいのいわい
上野国伊香保鉱泉浴客病痾全快祝宴
楊州周延
明治14年（1881）
木版色摺
大判錦絵3枚続　各縦36.9cm、横24.7cm
神戸市立博物館

温泉の魅力を錦絵で発信した
観光プロモーション

138
い か ほ おんせんよくきゃくしょびょうぜんかいのいわい
伊香保鉱泉浴客諸病全快祝宴
楊州周延
明治16年（1883）
木版色摺
大判錦絵3枚続　各縦36cm、横24.1cm
神戸市立博物館

湯治を終えた浴客が快復を祝う宴の様子などを描く。場面には洋装
の婦人や西洋人も登場し、上流階級に属する人々や外国人にも人気
だった明治期の伊香保温泉の賑わいを伝える。この大判錦絵は、伊
香保温泉全体の発注によって多数刷られ、それを旅館が記念品とし
て販売したものと考えられている。温泉の由来や効能を謳う詞書に
は、明治政府に招聘されたドイツ人医師ベルツの著書『日本鉱泉論』
（明治13年（1880）刊行）に言及したものもある。最新の権威ある泉
質評価を素早く活用して温泉地の魅力を発信しようとする伊香保温
泉の観光プロモーションの一端が見て取れよう。(A.H.)

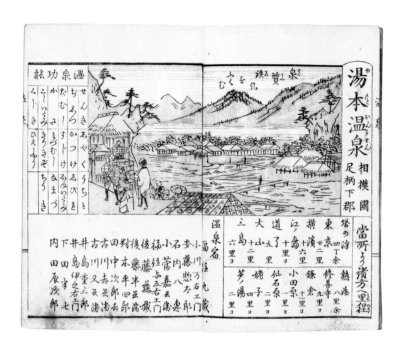

139
諸国温泉遊覧記 相豆之部 全
服部應賀
明治15年（1882）
木版一部手彩
縦18.2cm、横11.9cm
神戸市立博物館

戯作者・服部應賀（1819〜1890、万亭應賀ともいう）による相州（相模国）と豆州（伊豆国）の温泉の案内書。箱根七湯や湯河原、熱海、修善寺など23の温泉地が取り上げられる。効能と湯宿の情報を盛り込みつつ各温泉場を挿絵とともに紹介する。近隣の名所や名産なども掲載し、読んで楽しい旅行ガイドブックである。ほかに「上州之部」（上野国）も発行された。(A.H.)

140
豊後別府及附近有名温泉案内全図
明治42年（1909）
石版
縦39.3cm、横54cm
神戸市立博物館

別府は、明治4年（1871）に別府港が完成して以降、温泉観光地として急速に発展を遂げた。そうしたなか、観光客誘致と温泉の魅力発信のために鳥瞰図が多数発行された。本図は、折り畳み式の扱いやすい体裁で、裏面には効能書きや各温泉場から別府港までの距離などを案内する。大小の船が航行する別府湾や、低い屋根の家並などを描くほか、寺院や湯場、学校の位置などを記し、当時の別府の街の様子をよく伝える。(A.H.)

141
神戸有馬電鉄沿線名所図（部分）
昭和3年（1928）
オフセット
縦18.9cm、横100.1cm
神戸市立博物館

昭和3年（1928）、神戸有馬電気鉄道の有馬線（湊川ー有馬温泉）が開通し、関西方面からも電車で有馬温泉にアクセスすることが可能となった。本図は、有馬線の開通を記念して作成された有馬の鳥瞰図である。有馬は古くから桜の名所であったことから、桜が一面に描かれている。本図中央の「本温泉」がある場所には、現在有馬の名物湯として知られる金泉の外湯が立地している。(S.S.)

142
明神湯
ジオラマ制作：山本高樹・町田忍
平成20年（2008）
木、プラスチック、レジン、粘土など
幅85cm、奥行き91cm、高さ72cm
町田忍蔵

明神湯は東京都大田区にある昭和32年（1957）創業の銭湯。神社仏
閣や城郭を思わせる威風堂々とした外観は、東京で関東大震災以後
に登場した銭湯建築の典型である。入母屋造りの大屋根と玄関上部
の唐破風、その下の兎毛通（懸魚の一種）、坪庭、脱衣所の吹き抜け
上部の折り上げ格天井には、宮造りの技術と意匠が生かされている。
模型は開業当時の姿を再現したもの。縮尺は25分の1である。(A.H.)

坪庭と脱衣所

女湯

瓦とトタンが使われた屋根

裏方の作業

「中将湯温泉」看板
大正時代末期
木、漆、金箔
縦60.3cm、横120.8cm
町田忍蔵

「中将湯」は津村順天堂（現株式会社ツ
ムラ）が創業当初より製造、販売してい
る婦人薬。明治30年（1897）に、日本
初となる入浴剤「浴剤中将湯」が発売さ
れると、全国の銭湯で用いられるように
なった。「中将湯」を使用する銭湯は人
気があり、そうした銭湯は、本看板のよ
うな「中将湯温泉」と銘打った、手彫り、
金箔仕上げの看板を掲げ、入浴剤の効
能を謳った。(A.H.)

日本初の入浴剤<br>銭湯で使われ<br>人気に

ケロリン桶に歴史有り

144

ケロリンの桶
昭和38年（1963）〜平成時代頃
木（特別限定桶のみ）、そのほか樹脂
上段左より／女性髪洗い用：高さ17cm、直径30cm　広口洗面器型：高さ10cm、直径30cm　初期型：高さ12cm、直径23cm
下段左より／特別限定木桶：高さ12cm、直径24cm　東京型：高さ12cm、直径22.5cm　子ども用：高さ10cm、直径22cm
町田忍蔵

内底に解熱鎮痛剤「ケロリン」*の文字がプリントされた黄色の桶は、銭湯でよく目にする定番アイテムである。昭和38年
（1963）、広報媒体としての桶に注目した広告代理店睦和商事が内外薬品に提案して誕生した。従来の木桶に比べて衛生的
で丈夫な合成樹脂製桶は人気を博した。販売当初は白色。しかし汚れや傷が目立つため、間もなく黄色に変更された。子ども
用、洗髪用、関東・関西用など、ニーズに合わせて、型もバラエティに富む。(A.H.)

*「ケロリン」は内外薬品の事業を継承した富山めぐみ製薬株式会社が現在製造販売。

145
「入浴の御注意」ホーロー看板
昭和30年代
金属板
縦73.6cm、横43.3cm
町田忍蔵

金属板にガラス質の塗料を印刷して仕上げたホーロー看板は、錆に強く耐久性が高いため、水回りの多い銭湯に適した表示板だった。この看板では、浴場内での秩序を保つための客への注意書きが広告とともに掲載されている。(A.H.)

146
「永生湯」銭湯の暖簾
昭和29年（1954）
布
縦43.5cm、横175cm、生地耳4.5cm
町田忍蔵

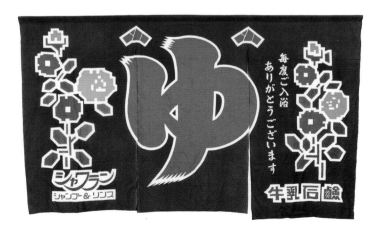

147
銭湯の暖簾
昭和時代
布
縦128cm、横210cm
町田忍蔵

銭湯の入口に掛けられた暖簾は、目隠しとして機能するほか、銭湯の看板としての役割も担う。企業名の入った広告型暖簾が主流な一方で、屋号や家紋や絵を入れた独自のデザインによる暖簾も見られる。概して、東京では丈が短く、東京以外の特に関西地域では入口内部が見えない丈の長いものが使われている。(A.H.)

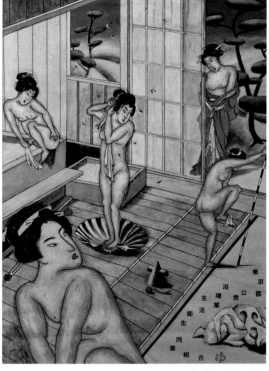

148　平成14年（2002）

150　平成16年（2004）

148、149、150
東京都公衆浴場業生活衛生同業組合銭湯PRポスター
横尾忠則
148：平成14年（2002）
149：平成15年（2003）
150：平成16年（2004）
オフセット
縦103.3cm、横73.2cm
町田忍蔵

東京都内の銭湯の利用促進に向けて、銭湯の魅力を発信
している東京都公衆浴場業生活衛生同業組合の銭湯PRの
ためのポスター。2002年、2003年、2004年のポスターは、
横尾忠則作のものである。横尾は子どもの頃、銭湯へ母親
に連れていかれ、一緒に女湯に入っていたという。横尾は、
そのときの光景や匂いの記憶について、幾つかの著書のな
かで語っている。幼少期の思い出のなかのモチーフと美術
史的な引用、江戸時代と現代、そしてタイル絵といった銭
湯を象徴するイメージが、反復し、交錯している。(A.H.)

149　平成15年（2003）

151
花王石鹸
明治23年（1890）発売
石鹸、木箱
木箱：縦18.1cm、横9.1cm、厚さ4cm
花王ミュージアム

石鹸は、天文年間（1532〜1555）に、ポルトガルの交易船によって日本にはじめて招来したとされる。以来、江戸時代を通して石鹸は貴重品だったが、明治維新後、国産石鹸の製造が本格化した。そのようななか、長瀬商店（現花王株式会社）が、明治23年（1890）に製造、発売したのが「花王石鹸」である。かけそば1杯1銭だった時代に1個あたり12銭する高級石鹸だったが、舶来品に比べると求めやすかったという。(A.H.)

## 152

### 花王シャンプー

昭和7年（1932）発売
シャンプー、紙
外箱：縦9.5cm、横12cm、厚さ3.9cm
商品箱：縦4.5cm、横3.4cm、厚さ1.5cm
花王ミュージアム

明治時代まで日本では、粘土やふのりなどが洗髪
剤として使われてきた。大正から昭和初期までに
は、髪洗い粉が普及したが、1930年代になると、
ヒンズー語に由来する「シャンプー」の名称が広く
知られるようになった。その契機となったのが、昭
和7年（1932）の「花王シャンプー」の発売である。
石鹸質の固形シャンプーで、使い心地と洗練され
たパッケージデザインが評判となった。(A.H.)

## 153

### 花王フェザーシャンプー

昭和30年（1955）発売
シャンプー、アルミ
縦6.5cm、横15.6cm
花王ミュージアム

昭和30年（1955）に発売された、界面活性剤を
配合した粉末シャンプー。戦後、女性の髪型や洗
髪ニーズの変化にあわせて開発された洗髪剤で、
泡立ちがよく爽快感があるなどの特長により圧倒
的な人気を博した。3グラム入り2袋綴りで、発売
当時の小売価格は10円。銭湯でも販売された。
髪をぬらしてから、粉をすり込むように洗い、2回
すすぐ使用方法が広告に謳われている。(A.H.)

## 154

### チューブ入り花王フェザーシャンプー

昭和34年（1959）発売
シャンプー、紙、チューブ
外箱：縦3.7cm、横16.4cm、厚さ3cm
花王ミュージアム

粉末に続いて、チューブ入りゼリー状シャンプー
が昭和34年（1959）に発売された。しかしすぐ
に、液体シャンプーが登場して取って代わり、現
在にいたっている。日本人の洗髪頻度は、シャン
プーの品質の向上とともに、1970年代には週に
2、3回程度と従来に比べて格段に高くなった。
その経過は、家庭内風呂の普及と歩みを同じく
する。(A.H.)

ご当地温泉文化　山梨・大分・神戸

内風呂入浴文化　東京

「テルマエ展　お風呂でつながる古代ローマと日本」、
開催館ゆかりの入浴文化を紹介

ほったらかし温泉（山梨）、
富士を望み甲府盆地を見下ろす

# 山梨県の温泉

太田智子（山梨県立美術館学芸員）

　富士山や南アルプスの山々をのぞむ山梨県。ユーラシアプレートや太平洋プレートなど、日本列島で接する4つのプレートのうち、3つが山梨県の付近でひしめき合っている。地質構造もエリアによってさまざまであり、地中深くからの力を受け、県内には放射能泉を含む多様な泉質の温泉が数多くある。自然に湧出する温泉は古くから人々に利用されており、飛鳥時代に発見されたと伝わる西山温泉郷など歴史ある温泉地も多い（山深い山梨県南巨摩郡早川町にある同温泉郷には、ギネス世界記録に最も古い宿として載る慶雲館も所在する）。現在では舞鶴城公園となっている甲府城内でも温泉が湧いていたと江戸時代の史料に記録されているほか、甲府の街中にも温泉を利用した「温泉銭湯」が点在し、地域住民がごく身近なものとして温泉を利用している。

　このような山梨県の温泉に関し、最も広く名を残しているのは戦国時代の武将・武田信玄（1521〜1573）だろう。甲府市内の積翠寺温泉で産湯に浸かったともいわれる信玄。信玄が利用したと伝わり、いわゆる「隠し湯」と呼ばれる温泉地は、山梨県では下部温泉、増富ラジウム温泉、川浦温泉などがある。本展山梨会場には、《河浦湯屋造営下知状》（No. 155）が出品されている。本史料は、かつては永禄4年（1561）、越後・上杉謙信（1530〜1578）との川中島の戦いの4カ月前に、恵林寺が領有する川浦の地に湯治場をつくるよう依頼した文書であり、戦傷兵のための措置と解釈されていた。しかし現在では、恵林寺からの湯屋造営

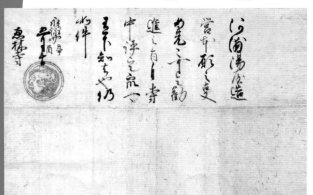

155
河浦湯屋造営下知状
永禄4年（1561）
紙本墨書
縦31.1cm、横45.7cm
恵林寺（信玄公宝物館保管・展示）

武田信玄の菩提寺・恵林寺の領内であった河（川）浦温泉は、寺の北東に位置し、重要な地であったと考えられている。本状には、信玄が武田氏当主となって新たに使い始め、息子・勝頼にも受け継がれた「龍朱印」が押されている。

のために勧進を行いたいという願いに対し、許可を与えた文書ともいわれている。

　信玄自身が浸かった記録のある温泉としては、信玄の寵臣が記したとされる軍学書『甲陽軍鑑』に、甲府の湯村温泉が挙げられている。天文17年（1548）の上田原の戦いで負った傷の療養のため同温泉（かつては志摩の湯や湯の島と呼ばれていた）で湯治を行ったというものである。息子の勝頼（1546〜1582）も湯治のために同温泉を訪れたと記録されている。

156
甲斐名所すご六
歌川国芳ほか
弘化5年（嘉永元年・1848）
木版色摺
縦33.6cm、横46.4cm
山梨県立博物館

下段中央のふり出しから、上段
の富士山の上りまで、甲斐国の
名所・名物が描かれている。下
段左端に「湯嶌」の表記がある。
国芳門下の絵師が数多く参加
しており、「湯嶌」には「芳虎画」
とある。

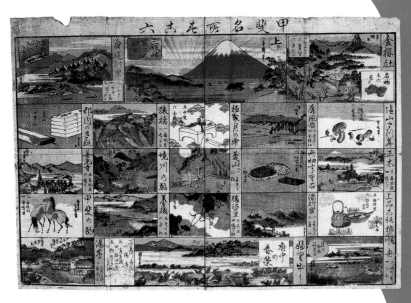

湯村温泉は城や烽火台（のろしだい）のある湯村山の麓にあり、武田氏の居館・躑躅ヶ崎館（つつじがさきやかた）とは目と鼻の
先、親子2代にわたり頻繁に利用することができたのだろう。同温泉は、柳沢吉里（1687～
1745）が甲府藩主の折、一般の人々にも開放され、江戸時代に多くの湯治客を集めた。御典
医・渋江長伯（1760～1830）の紀行文『官遊紀勝』にも登場するほか、葛飾北斎（1760～
1849）が団扇絵《勝景奇覧 甲州湯村》（参考図版）で細かに描き、歌川国芳（1798～1861）
が《甲斐名所すご六》（No. 156）で名所のひとつに数えており、甲州を代表する温泉地であっ
たことがうかがわれる。

　山梨にはそのほか、第二次世界大戦後農地から温泉を掘り当て、その後一大温泉地に成
長した石和温泉もある。昭和36年（1961）には湧き出したお湯が田畑に流れ、人々が青空温
泉を楽しむ様子がメディアで紹介されたことで広く知られるようになった。古代から現代にい
たるまで、多彩な温泉が拓かれてきた山梨県。自然の力と人間の文化が織りなす地域の魅
力に改めて目を向けてみたい。

参考図版

勝景奇覧 甲州湯村
葛飾北斎
天保年間（1830-1844）
木版多色摺
縦23.9cm、横29.9cm
東京国立博物館

浴衣を羽織った人物の後ろの湯小屋には、
何人もの人が浸かり、噴水のように湯の湧き
出る湯船が描かれる。隣の小屋の2階には按
摩を受ける人々。旅人も続々と到着し、湯村
温泉の繁盛ぶりが細かに描き出されている。

# 別府の温泉文化

吉田浩太郎（大分県立美術館主幹学芸員）

　別府八湯と呼ばれる浜脇、別府、観海寺、堀田、明礬、鉄輪、柴石、亀川の8つの温泉郷
からなる別府温泉は、国内外から多くの観光客が訪れるわが国を代表する温泉地のひとつ
である。その一番の魅力は、湧出量、源泉数とも日本一を誇る温泉である。泉質の種類の多
さも群を抜いており、訪れる人は症状や好みに合わせて温泉を選ぶことができる。8つの温
泉郷は、この豊かな温泉資源を有効に活用しながら、独自の発展を遂げた。

　別府温泉の最も古い記録は、8世紀初めに編纂された現存する5つの風土記のひとつであ
る『豊後国風土記』にある「赤湯泉」と「玖倍理湯井」に関する記述である。現在の血の池地
獄のことを指していると考えられる「赤湯泉」は、湯の色が赤く、この泥を家の柱に塗ってい
たこと、鉄輪周辺にあった間歇泉と考えられる「玖倍理湯井」は、人が近くで大声を出すとお
湯が2丈（約6メートル）の高さまで噴き出したということが記されている。いずれも地獄に関
する記述であるが、自然の驚異ともいえる不思議な現象に当時の人も目を奪われたことであ
ろう。

　原本は伝わっていないものの、鎌倉時代の『釈日本紀』と『万葉集抄』に一部が収録されて
いる『伊予国風土記』逸文にある大穴持命と宿奈毘古那命をめぐる神話にも別府温泉が登
場する。四国伊予で瀕死の状態にあった大穴持命を救うため宿奈毘古那命が大分の速水
（別府）の湯を地下の樋（パイプ）を通して引き込み、湯に浸かった大穴持命はたちまち蘇生し
たというものだ[1]。このあとには「湯の貴く奇しきことは、神世の時のみにはあらず、今の世に
も疹痾に染める万生、病を除やし、身を存つ要薬となせり。」という言葉が続き、温泉に病を
癒やす効能があることが知られていたことがわかる。これは、道後温泉の由来としてしばしば
引用される神話であるが、別府温泉の優れた効能が古くより知られていたことも示している。

　別府の各エリアの温泉場がいつ頃、いかにして開かれたかという記録は、ほとんど残って

157
一遍上人坐像
江戸時代
木造　彩色　玉眼
像高61.3cm
温泉山永福寺

温泉山永福寺の本堂に安置されている一遍上
人の坐像。一遍上人の遺徳を偲んで毎年秋に
鉄輪地区で行われる「湯あみ祭り」では、本像
を沐浴させていた[2]。

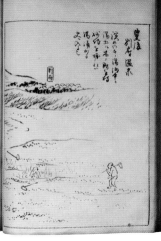

158
諸国奇観　豊後別府温泉
川上藤兵衛正澄
文政8年（1825）
紙本墨書
縦27cm、横19.5cm
大分市歴史資料館

『諸国奇観』は、江戸の商人・川上藤兵衛正澄による名所案内記。別府温泉の図には、砂浜に穴を掘り、湯浴みをする人々の姿が描かれている。

いないが、鉄輪温泉には、時宗の開祖一遍上人（1239〜1289）が鎌倉時代にこの地を遊行した折に開いたという伝承がある。鉄輪の中心部である風呂本には、一遍が開創したと伝わる温泉山永福寺がある。同寺は、かつて湯滝山松寿寺という一遍の幼名である松寿丸に因んだ寺名をもつ寺院であった。境内には蒸し湯のほか「渋湯」と呼ばれる内湯と滝湯があり、古くより湯治客に利用されてきた。なかでも温泉で熱せられた床の上に石菖を敷き詰めた蒸し湯は、鉄輪名物として広く知られており、風呂本の地名の由来となった。

　江戸時代になると庶民の生活のなかで湯治が定着し、別府を訪れる人も多くなる。江戸時代後期に発行された《諸国温泉効能鑑》（No. 129、130）には、浜脇と別府の温泉場が前頭として最上段に記載されており、その名が全国的に知られるようになっていたことがわかる。

　元禄7年（1694）に別府を訪れた福岡藩の儒学者・貝原益軒（1630〜1714）は、その様子を『豊国紀行』に詳しく記している。鉄輪に関する記述では、蒸し湯と滝湯のことが取り上げられており、病気療養のための湯治場として利用されていたことがわかる。また、別府村については、民家の宅内に温泉があり、ここに宿泊する者は湯浴みの回数も時間も自由であるとし、ほかの温泉場のように騒がしくないと記している。全国から人が集まる有馬などに比べるとさぞのどかな温泉場であったのだろう。浜脇、別府、亀川の海岸では、古くより砂湯が知られていたが、これについては「海中にも温泉いづ。潮干すれば浴するもの多し、鹽湯なればことによく病を治すと云。」という記述がある。現在、別府の海岸の多くは埋め立てられているが、それ以前は、潮が引くと砂浜のいたるところから湯気が立ち、少し掘れば温泉が湧いていた（No. 158）。

　江戸時代後期になると別府の温泉場の様子もかなり様変わりしていたようだ。南画家の田能村竹田（1777〜1835）は、文政5年（1822）に竹田から杵築に向かう旅の途上でこの地に立ち寄っており、その様子を『黄築紀行』のなかで次のように記している。「別府と濱脇は二里、水脈皆熱し。家毎に各湯池を鑿ち、游客を延接す。商肆、妓院、酒楼、戯場から農家、漁戸に至るまで屋を接し軒を並べ、棋置としている。三月、四月の間客も多し。糸管笑い有り日夜声絶ずと言う。」これによると、益軒の『豊国紀行』にあった記述と同様に、温泉がある民家に旅人が宿泊できるようになっていたこと。さらに商店、遊郭、茶屋、芝居小屋など

があり、三味線や笛の音が鳴り響き、人の声が絶えない賑やかな歓楽街が形成されていたことがわかる。

　別府が温泉観光都市として大きく飛躍するのは、明治期に入ってからである。その大きな引き金となったのが明治4年（1871）の別府港の開港であった。明治6年（1873）には大阪と別府を結ぶ定期航路が開かれ、大阪や神戸といった大都市圏からの湯治客が訪れるようになる。港周辺には旅館街も形成された。

　「上総掘り」と呼ばれる千葉県上総地方の井戸掘り技術を応用して人工的な温泉の掘削が可能となったことも、別府温泉の発展を大きく後押しした。これにより、明治中期に源泉数は急増し、大規模な温泉場の開発が進んだ。

　明治33年（1900）には別府～大分間に九州初の路面電車となる別大電車が開業、明治44年（1911）には小倉～大分間の鉄道（日豊線）が開通した。大正9年（1920）には別府港に大型船舶の接岸が可能な桟橋が整備され、別府の交通アクセスは水陸とも大幅に向上した。

　別府の観光地化が進むのは、この頃からである。作物が育たず人も寄りつかない荒れ地だった地獄もその珍しい景観を求めて、多くの人が訪れるようになる。明治43年（1910）には海地獄で見物料の徴収が始まると、ほかの地獄も競うように観光地として整備されていった。

　これに目を付けたのが「別府温泉の父」と呼ばれる実業家・油屋熊八（1863〜1935）である。昭和3年（1928）に熊八が始めた全国初のバスガイドが案内する地獄巡りのバスツアーは、大いに評判となり、湯治の合間に地獄を訪れるのが別府観光の定番となった。

　大正末から昭和のはじめにかけては大型のレジャー施設も誕生する。大正14年（1925）には、大浴場のほか温水プールや動物園、娯楽場、大劇場を備えた鶴見園が開園。600人の収容人数を誇る大劇場では連日、少女歌劇が演じられ「九州の宝塚」と呼ばれた。昭和4年（1929）に開園したケーブルラクテンチは、現在も営業を続ける九州最古の遊園地であるが、ケーブルカーに乗車して入園するというユニークな仕掛けが話題を呼び、子どもたちの人

159
豊後国速見郡鶴見七湯の記
照湯惣図
弘化2年（1845）
紙本著色
各縦43cm、横29.6cm
大分県立歴史博物館

豊後森藩領であった速見郡鶴見の7つの温泉場について詞書と挿絵により記録したもの。江戸時代末期に藩主・久留島通嘉（1787〜1846）の命で整備された照湯温泉の様子が詳しく記されている。これによると、3つの浴場のほか、蒸し湯、滝湯があり、藩侯や藩士の宿舎や赤い欄干を巡らせたお茶屋、川沿いには宿屋や商店が軒を連ねており、本格的な温泉街があったことがわかる。

160
ぶん ご しゅう はや み ぐん はま わき おん せん ば にぎわい の ず
豊後州速見郡濱湧温泉場賑之図
明治14年（1881）
木版色摺
縦41cm、横62cm
別府市美術館

浜脇にあった東温泉と西温泉を描いたもの。プールのように巨大な浴槽に入湯客がすし詰め状態であり、その賑わいぶりがよくわかる。

気を集めた。温泉とともに観光を楽しむことを目的に多くの人が訪れる現代の別府温泉の礎は、この頃確立されたといってよいだろう。

　半農半漁の小さな湯治場だった別府は、その豊富な温泉資源を背景に屈指の温泉観光都市として発展を遂げた。大型の宿泊施設が立ち並び、国内外から訪れる多くの観光客が通りを行き交う風景は、現代の別府を象徴する風景だ。また、一方で温泉が日常生活の一部になっているこの土地ならではの人々のくらしがあることも忘れてはならないだろう。別府には市営や民間の温泉のほかに、地域の人たちで維持管理している「共同浴場」が100カ所以上ある。別府の町を歩くと、お風呂道具をもって温泉に向かう人の姿をよく見かけるが、住宅にお風呂が普及した現代においても、毎日温泉に通っている人は少なくない。古代ローマの人々にとってのテルマエ、江戸の人々にとっての銭湯と同じように別府の人々にとって温泉はかけがえのないものなのだ。温泉に浸かって1日の疲れを癒し、近所の人たちと世間話をする。別府には今もそんな温泉文化が息づいている。

1　『伊予国風土記』逸文の大穴持命と宿奈毗古那命をめぐる神話については、速水の湯で宿奈毗古那命が蘇生したという解釈が定説となってきたが、近年、石川理夫氏により漢文の読み間違いが指摘され、速水の湯で蘇生したのは大穴持命であるという説が提示された（石川理夫『温泉の日本史』中央公論新社、2018年）。江戸時代末期の《豊後国速見郡鶴見七湯の記》の詞書の中でも大穴持命が速水の湯で蘇生したという話が紹介されている。

2　現在、「湯あみ祭り」では本像のレプリカを使用している。

# 有馬温泉〜いにしえから愛され続けた温泉地〜

鈴木更紗（神戸市立博物館学芸員）

萱原朋奈（神戸市立博物館学芸員）

　有馬温泉は神戸市北区有馬町に位置する温泉地である。温泉地としての歴史は古く、道後温泉、白浜温泉とあわせて日本三古湯として知られている。

　有馬温泉は都に近接することから、天皇や公家をはじめ多くの人が訪れていた。『日本書紀』には、舒明3年（631）、舒明天皇が摂津国有間温湯に行幸したと記されているが、これは温泉に関する最も古い記録である。以降、白浜温泉など温泉行幸が立て続けに行われるが、そのなかで「有間温湯」は幾度も登場している。

　古くから続く温泉地には、高僧にちなんだ開湯伝説が伝わっていることが多い。有馬温泉も例外ではなく、民衆に広く仏教を布教した僧・行基（668〜749）による開湯伝説が語り伝えられる。《温泉寺縁起》（No. 161）の最下段には、行基が薬師如来のお告げによって有馬温泉を開湯し、温泉寺を創建するまでの経緯が描かれている。

　承徳元年（1097）には大雨や洪水、地震により、有馬温泉は壊滅したといわれているが、そこで有馬温泉を再興したとされているのが、僧・仁西であった。仁西は熊野権現のお告げに従って有馬を訪れ、温泉寺を再興したと伝えられている。現在、1月2日に行われている有馬温泉入初式では、行基と仁西をかたどった御像を初湯で沐浴させるなど、両者は現代でも有馬温泉の開湯と再興の象徴として大切に祀られている。

161
温泉寺縁起
室町時代
紙本著色
縦192.4cm、横155.4cm
京都国立博物館

古くから名湯として知られる有馬の温泉寺の由来や伝説を描いた作品。上段から、①行基による温泉寺開創記、②温泉寺の鎮守である女体権現の説話、③清澄寺の僧尊恵の蘇生譚で構成されている。15世紀の記録類には、湯治客が100銭を納めると寺僧が絵を指し示しながら縁起を読みあげたことが記されており、本作品もこのような絵解きの場面で用いられたと考えられる。(S.S.)

有馬温泉を語る上でもうひとり欠かせない人物が豊臣秀吉（1537〜1598）である。秀吉は有馬温泉に幾度も訪れており、滞在拠点として湯山御殿を建設した。この湯山御殿は現存しないが、発掘調査によって蒸し風呂や泉源など湯屋に関する遺構（No. 162）が見つかっている。また、秀吉は「慶長大地震」によって急激に高温となった泉源や浴場の改修も行っており、適温で入浴できる環境を整えた。

　江戸時代には庶民の間でも湯治が流行し、多くの湯治客で賑わった。有馬には多いときで100軒を超える旅宿が建ちならぶが、肝心の温泉は1カ所の元湯を板で仕切った一の湯、二の湯のみであった。そのため、湯治客たちが効率よく温泉に浸かれるよう、湯女と呼ばれる女性たちが客の整理などを行っていた。

　近代に入ると、開港地神戸に滞在する外国人たちが、保養のために有馬を訪れるようになった。お雇い外国人であったオランダ人のドワルス（1844〜1880）によって地元の人々が「毒水」と呼んで近寄らなかった有馬の炭酸水が飲用可能であることがわかり、のちに炭酸を使用した飲食品は有馬の名物となる。また、掘削開発の結果、いくつもの泉源が得られ、戦後になると内湯化も進んだ。さらに、鉄道が敷設された結果、観光目的の訪問客が増加していく。

　以上のように、有馬温泉は古代から現在にいたるまで、盛衰を繰り返しながらも、名湯として愛され続けている。(S.S.)

162
湯垢（出土時の様子）部分
桃山時代
幅最大8.3cm
長さ最大75cm
神戸市

　温泉を引くための木樋（パイプ）に沈殿していた湯垢の一部である。木樋自体は残っていないが、内部には有馬温泉の金泉の主成分である酸化鉄が沈殿しており、その残存形状から樋は断面方形であると推定される。元々、樋のあった部分は暗渠となっており、源泉の湯を特定の場所へ引き、出土時には20メートル近く残存していた。(T.K.)

# 内風呂の移り変わり

萩原敦子（パナソニック汐留美術館主任学芸員）

現代人の毎日の入浴の主な目的は、リフレッシュ、リラックス、そして美容・健康であるという。湯に浸かりながらスマートフォンを使う人も増え、風呂での過ごし方も多様化の様相だ。しかし、日本の多くの住宅に内風呂が普及したのは、昭和30年代以降、ここ60年ほどの間である。ここでは、個人使用の風呂の変遷を簡単に辿りながら、日本の内風呂の諸相を垣間見ることとしたい。

身体を湯に浸して入浴する個人用風呂の源流は、江戸時代に発達した据風呂に求められる。据風呂は、焚釜と湯船が一体化した風呂で、屋内外問わず比較的簡易に設置できる。その代表格は五右衛門風呂と鉄砲風呂である。五右衛門風呂は、鉄製の底面をもつ浴槽の下に竈を築き、火を焚き付けて湯を沸かす底焚き式の風呂である。歌川広重（1797〜1858）による浮世絵（参考図版1）に描かれた五右衛門風呂は、建物すぐ脇の軒下に置かれ、設置場所が旅籠の建物とひと続きになっている点が興味深い。一方、鉄砲風呂は、木製浴槽の内側に垂直に通した鉄砲と呼ばれる筒型の鉄製焚釜を熱して湯を沸かす構造の風呂である。

参考図版1
道中膝栗毛 小田原泊り
歌川広重
天保年間（1830〜1844）
木版色摺
縦25.7cm、横37.3cm
静岡市東海道広重美術館

十返舎一九『東海道中膝栗毛』の小田原宿でのひとこまを描く。五右衛門風呂では、直火で熱くなった鉄の底面で火傷しないよう、底板を沈めて入浴するが、ここでは喜多八が五右衛門風呂の入浴流儀を知らずに下駄で底を踏み抜く有名な場面が戯画的に描写されている。

参考図版2
晴海高層アパート
（UR都市機構）

昭和33年（1958）に竣工した、日本住宅公団による晴海高層アパートに見られた浴室（写真は復元住戸を撮影したもの）。風呂桶は、内釜式小判型浴槽で鉄砲風呂の系譜である。煙突によってガスの排気が屋外に排出された。晴海高層アパートは前川國男（1905〜1986）による設計。

大正期になると、中・上流階級層の住宅に浴室がつくられるようになる。和風住宅では、五右衛門風呂や鉄砲風呂の形態を踏襲した風呂が家の一部として造り付けられ、焚口は浴槽に内蔵、あるいは外に設置された。また、洋風住宅では、浴槽、トイレ、洗面器、シャワーを同室内に備えた欧米式浴室も見られるようになる。

戦後、内風呂は、インフラの整備や技術革新が進んだ昭和30年代に急速に普及する。日本住宅公団の集合住宅で浴室が標準装備されたことは、そのひとつの契機となった（参考図版2）。設備や技術の開発は進み、浴槽の素材も従来の木やタイル張り、ホーローに代わって、ステンレス、FRP（繊維強化プラスチック）、人工大理石などが次々に登場した。さらに昭和30年代後半には、住宅用のユニットバスも開発、販売され（参考図版3）、人々にとって、住居内での入浴は、より手軽で、より快適なものになっていくのである。

現代の人々は、自宅の風呂を、心身の健康の回復はもとより、趣味やストレス発散のためにも利用する。今や日本の内風呂は、心身を癒やす空間であり、音楽や映像といったエンターテインメントを楽しむ場であり、そして美的感性を刺激する場でもあるのだ（参考図版4）。そんな現代日本の内風呂文化は、古代ローマにおける入浴と一脈通じるものがあるのではないだろうか。

参考図版3
ほくさんスタンウェルバス
昭和38年（1963）発売
FRP
高さ193cm、幅91cm、奥行き73cm
エア・ウォーター株式会社
吹田市博物館寄託

1950年代にFRPの技術が導入されると、FRPを使用したユニットバスが開発、製造され、徐々に一般家庭に設置されるようになった。「ほくさんスタンウェルバス」は、そうしたユニットバスの先駆けのひとつである。1平方メートルほどのスペースがあれば設置でき、軽くて持ち運びもできた。ユニットの内容は、湯沸かし器、浴槽、シャワーなど。多くは台所やベランダに置かれた。(A.H.)

参考図版4
一戸建てシステムバス「i-U（イーユ）」
平成18年（2006）発売
松下電工株式会社
（現パナソニック ハウジングソリューションズ株式会社）

プロダクトデザイナー・深澤直人（1956〜）のデザインによるシステムバス。「きれいな防水の部屋をつくろう」を合言葉に、無駄を削ぎ、隅と縁を整えて生まれた空間は、従来のシステムバスにはなかった、造形の美しさと機能性のバランスを具現化している。

# 都市ローマのテルマエと水道

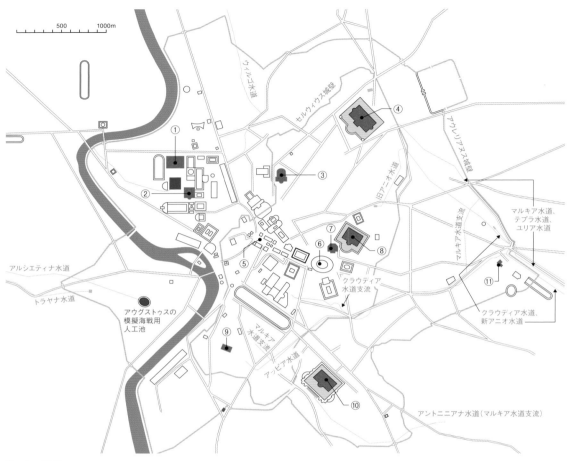

① ネロ浴場
② アグリッパ浴場
③ コンスタンティヌス浴場
④ ディオクレティアヌス浴場
⑤ フォルム・ロマヌム
⑥ コロッセウム
⑦ ティトゥス浴場
⑧ トラヤヌス浴場
⑨ デキウス浴場
⑩ カラカラ浴場
⑪ ヘレナ浴場

## 古代ローマ関連年表

※色の付いている項目がテルマエ関連事項

| | |
|---|---|
| 前509年 | ローマの共和政樹立 |
| 前396年 | ローマ、エトルリアのウェイイを征服 |
| 前326～前304年 | 第2次サムニウム戦争 |
| 前312年 | アッピウス・クラウディウス・カエクスがケンソルに就任、アッピア街道とアッピア水道を建設 |
| 前275年 | ローマ、ベネウェントゥムでエピルス王ピュルスを破る |
| 前272年 | ローマ、南イタリアのギリシャ都市タラスを征服 |
| 前272年 | 旧アニオ水道の建設開始（前269年完成） |
| 前148年 | アンティゴノス朝マケドニア滅亡 |
| 前146年 | カルタゴ陥落、第3次ポエニ戦争終結。コリントス陥落、ローマはギリシャ諸都市を実質的に支配下に |
| 前144年 | クイントゥス・マルキウス・レクスがアッピア水道、旧アニオ水道を修理、マルキア水道を建設（前140年完成） |
| 前125年 | テプラ水道建設 |
| 前44年 | カエサル暗殺 |
| 前36年 | オクタウィアヌス、ミュラエの海戦とナウロコスの海戦に勝利 |
| 前33年 | アグリッパが造営官、初代水道管理官に就任。街道や水道を整備し、新たにユリア水道建設 |
| 前31年 | オクタウィアヌス、アクティウムの海戦に勝利。プトレマイオス朝エジプト滅亡 |
| 前27年 | オクタウィアヌス、アウグストゥスの称号を得る。ローマ帝政開始 |
| 前25年 | アグリッパ、ローマのカンプス・マルティウスに浴場建設 |
| 前19年 | アグリッパ、ウィルゴ水道建設 |
| 前12年 | アグリッパ没、浴場と庭園を市民に遺贈 |
| 前2年 | アウグストゥス、テヴェレ川右岸にアルシエティナ水道を敷設 |
| 38年 | カリグラ帝がクラウディア水道と新アニオ水道を建設開始 |
| 52年 | クラウディウス帝によりクラウディア水道と新アニオ水道が完成 |
| 60～64年頃 | ネロ帝、ローマのカンプス・マルティウスに浴場を建設 |
| 64年 | ローマの大火 |
| 69年 | ウェスパシアヌス帝即位、フラウィウス朝のはじまり（～96年） |
| 79年 | ヴェスヴィオ山噴火、ポンペイ埋没 |
| 80年 | ティトゥス帝、コロッセウムとティトゥス浴場を奉献 |
| 96年 | ネルウァ帝即位、五賢帝時代のはじまり（～180年） |
| 97年 | 水道管理官のフロンティヌス、『ローマ市の水道書』を執筆 |
| 109年 | トラヤヌス帝がトラヤナ水道とトラヤヌス浴場完成 |
| 117年 | ハドリアヌス帝即位 |
| | （『テルマエ・ロマエ』の舞台はこの頃） |
| 138年 | ハドリアヌス帝没 |
| 193年 | セプティミウス・セウェルス帝即位、セウェルス朝時代のはじまり |
| 212年 | カラカラ帝、帝国内の全自由民にローマ市民権を認めるアントニヌス勅令を発布 |
| 216年 | カラカラ浴場完成 |
| 226年 | アレクサンドリナ水道建設 |
| 235年 | 軍人皇帝時代のはじまり |
| 249/252年 | デキウス浴場建設 |
| 293年 | ディオクレティアヌス帝、テトラルキア（四帝統治）を開始 |
| 306年 | ディオクレティアヌス浴場建設 |
| 312年 | コンスタンティヌス（大帝）が西ローマ帝国の正帝に |
| 313年頃 | コンスタンティヌス浴場建設 |
| 324年 | コンスタンティヌス大帝、全ローマ帝国の皇帝に |
| 323～326年 | ヘレナ浴場修理 |
| 395年 | テオドシウス帝没、ローマ帝国が東西に分裂 |
| 476年 | 西ローマ帝国滅亡 |
| 537年 | ゴート戦争のなかでローマ市の水道が破壊される |

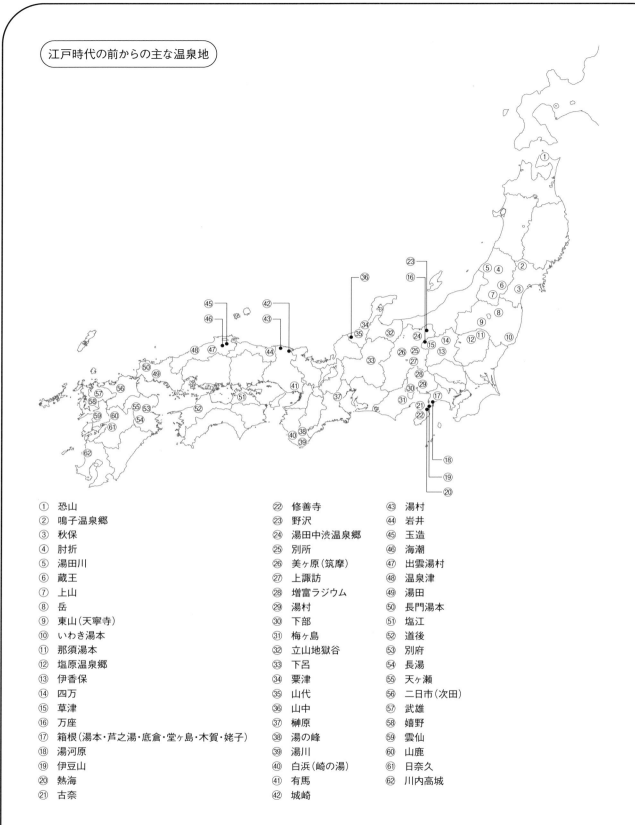

## 江戸時代の前からの主な温泉地

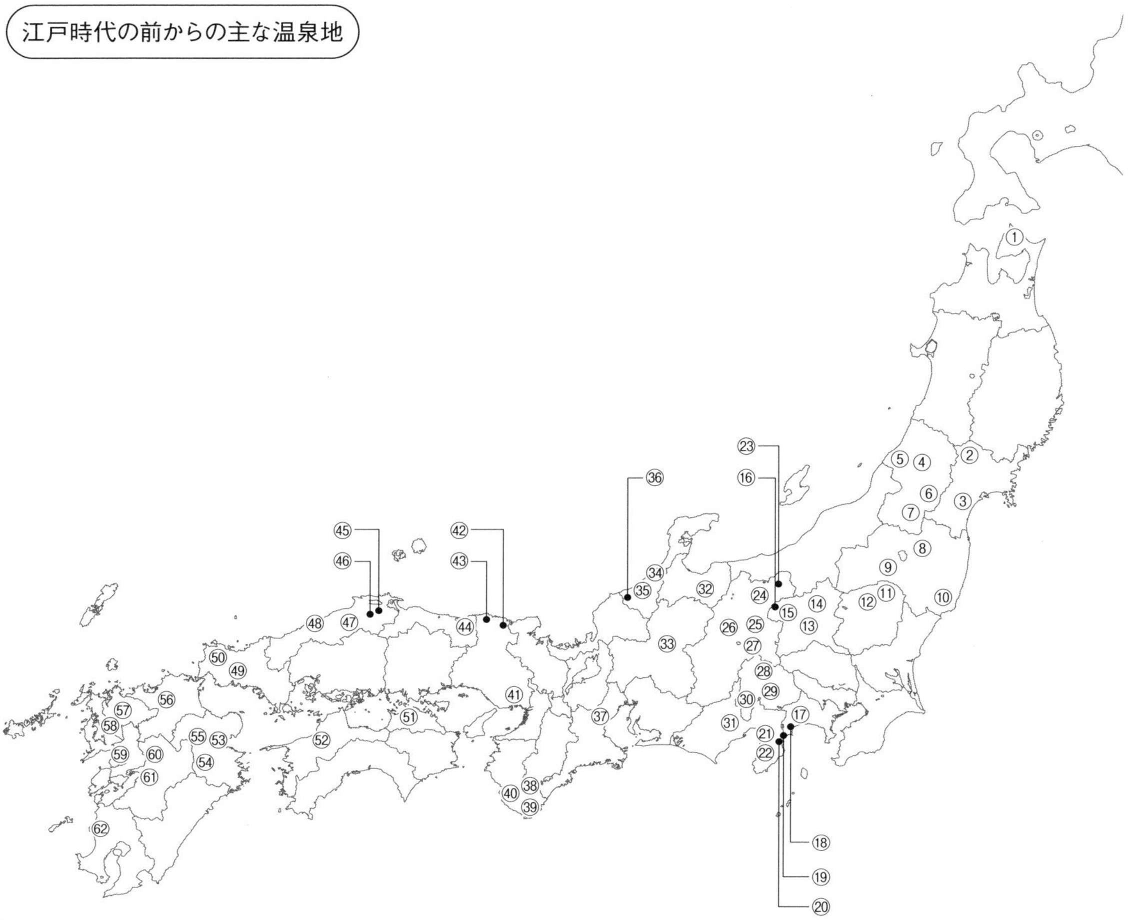

① 恐山
② 鳴子温泉郷
③ 秋保
④ 肘折
⑤ 湯田川
⑥ 蔵王
⑦ 上山
⑧ 岳
⑨ 東山（天寧寺）
⑩ いわき湯本
⑪ 那須湯本
⑫ 塩原温泉郷
⑬ 伊香保
⑭ 四万
⑮ 草津
⑯ 万座
⑰ 箱根（湯本・芦之湯・底倉・堂ヶ島・木賀・姥子）
⑱ 湯河原
⑲ 伊豆山
⑳ 熱海
㉑ 古奈
㉒ 修善寺
㉓ 野沢
㉔ 湯田中渋温泉郷
㉕ 別所
㉖ 美ヶ原（筑摩）
㉗ 上諏訪
㉘ 増富ラジウム
㉙ 湯村
㉚ 下部
㉛ 梅ヶ島
㉜ 立山地獄谷
㉝ 下呂
㉞ 粟津
㉟ 山代
㊱ 山中
㊲ 榊原
㊳ 湯の峰
㊴ 湯川
㊵ 白浜（崎の湯）
㊶ 有馬
㊷ 城崎
㊸ 湯村
㊹ 岩井
㊺ 玉造
㊻ 海潮
㊼ 出雲湯村
㊽ 温泉津
㊾ 湯田
㊿ 長門湯本
(51) 塩江
(52) 道後
(53) 別府
(54) 長湯
(55) 天ヶ瀬
(56) 二日市（次田）
(57) 武雄
(58) 嬉野
(59) 雲仙
(60) 山鹿
(61) 日奈久
(62) 川内高城

出典：石川理夫『温泉の日本史』中央公論新社、2018年

作品キャプションは、下記の順で記載
序章～第3章：作品番号、日本語名称、作者（判明しているもの）、時代および年代、出土地（判明しているもの、特定できる場合は住居を表示、コインの場合は発行地を示す）、材質、サイズ、所蔵先、所蔵番号
第4章：作品番号、タイトル、作者、時代および年代、材質、サイズ、所蔵先
※記載がない事項は不明

〇作品番号は会場の展示番号と一致するが、展示の順番とは必ずしも一致しない
〇No. 2、15、16は、会場にはレプリカが展示される
〇作品番号に「*」が付く作品は、巡回館により本書掲載の図版と異なる所蔵先の作品が展示されることを示す

1
カラカラ帝胸像
212～217年
大理石
全体の高さ65cm（古代部分は51cm）
ナポリ国立考古学博物館　inv. 6033

2
炭化したパン
79年
ポンペイ出土
直径20cm
ナポリ国立考古学博物館　inv. 84595

3
秤
1世紀
青銅、銀象嵌
高さ52.1cm、竿：長さ37cm、皿：直径16cm
多摩美術大学美術館

4
共和政期のデナリウス銀貨（アポロ神／4頭立戦車）
前90年頃
ローマ
直径1.88cm、重さ3.5g
岡山市立オリエント美術館

5
共和政期のデナリウス銀貨（ディアナ女神／猟犬）
前74年
ローマ
直径1.72cm、重さ3.5g
岡山市立オリエント美術館

6
トラヤヌス帝の属州銅貨（トラヤヌス帝／ウィクトリア）
112/3年
リュコス河畔のニコポリス（ポントゥス属州）
直径2.36cm、重さ8g
岡山市立オリエント美術館

7
属州銅貨（コンモドゥス帝か？／アルテミス・エフェシアの像とテュケ女神）
177～192年頃
アクラソス（リュディア）
直径3.33cm、重さ21g
岡山市立オリエント美術館

8
フィリップス・アラブス帝の属州銅貨（フィリップス・アラブス／テュケ女神）
247～249年
ニシビス（メソポタミア）
直径2.68cm、重さ10g
岡山市立オリエント美術館

9
アウグストゥス帝の1/2アウレウス金貨
（クイナリウス・アウレウス）
（アウグストゥス帝／トガ姿のガイウスとルキウス・カエサル）
前2～後4年
ルグドゥヌム（リヨン）
直径1.9cm、重さ7.8g
平山郁夫シルクロード美術館

10
ハドリアヌス帝のアウレウス金貨（ハドリアヌス帝／ユピテル）
119～120年
ローマ
直径1.9cm、重さ7.33g
平山郁夫シルクロード美術館

11
カラカラ帝のテトラドラクマ銀貨（カラカラ帝／鷲）
215～217年
アラドス（フェニキア）
直径2.7cm、重さ14g
平山郁夫シルクロード美術館

12
悲劇の仮面を表した軒瓦（アンテフィクス）
1世紀
ポンペイ出土
白大理石
高さ31cm
ナポリ国立考古学博物館　inv. 6615

13
2つの仮面を表した浮彫
1世紀
カプア出土
テラコッタ
縦34.5cm、横66cm
ナポリ国立考古学博物館　inv. 21423

14
劇場の舞台建築ファサード（スカエナエ・フロンス）の模型
前3～前2世紀
テラコッタ
縦33cm、横28cm
ナポリ国立考古学博物館
inv. CS. 362

15
兜
75～79年
ポンペイ、大劇場の回廊（VIII 7,16-17）出土
青銅
高さ34cm、幅33cm
ナポリ国立考古学博物館　inv. 5642

16
兜
1～50年
ポンペイ、大劇場の回廊（VIII 7,16-17）出土
青銅
高さ29.5cm、幅34cm
ナポリ国立考古学博物館　inv. 5657

17
剣闘士小像
ポンペイ、「マルクス・ルクレティウス・フロントの家」出土

テラコッタ
高さ12.4cm／14.7cm
ナポリ国立考古学博物館
inv. 20259, 20257

18
ヘタイラ（遊女）のいる饗宴
1世紀
エルコラーノ出土
フレスコ
縦70cm、横66cm
ナポリ国立考古学博物館　inv. 9024

19
魚のある静物
1世紀
ヴェスヴィオ山周辺地域（エルコ
ラーノあるいはスタビア）出土
フレスコ
縦54cm、横50cm
ナポリ国立考古学博物館　inv. 8638

20
イチジクのある静物
1世紀
ポンペイ出土
フレスコ
縦40cm、横39cm（トンドの直径
27.5cm）
ナポリ国立考古学博物館　inv. 8642

21
葡萄を収穫するキューピッドたち
1世紀
ポンペイ、「マルクス・ルクレティウ
スの家」(IX 3,5) 出土
フレスコ
縦51.5cm、横54cm
ナポリ国立考古学博物館　inv. 9198

22
魚と人物
1～2世紀
フレスコ
縦33.9cm、横34cm
個人蔵

23
ランプ
前2～後1世紀
ヨルダン出土
粘土
長さ9.8cm、幅6.9cm
岡山市立オリエント美術館

24
「犬と戯れるキューピッド」ランプ
1～2世紀
粘土

長さ11.4cm、幅8.2cm
平山郁夫シルクロード美術館

25
「レダと白鳥」ランプ
1～2世紀
粘土
長さ8.4cm、幅7.1cm
平山郁夫シルクロード美術館

26
「豹」ランプ
1～2世紀
粘土
長さ9.2cm、縦6.5cm
平山郁夫シルクロード美術館

27
「剣闘士試合」ランプ
1～2世紀
粘土
長さ10.4cm、幅7.3cm
平山郁夫シルクロード美術館

28
「休息する剣闘士」ランプ
1～2世紀
粘土
長さ8.9cm、幅6.4cm
平山郁夫シルクロード美術館

29
アプリア赤像式鐘形クラテル
ハイファの画家
前4世紀
イタリア南部出土
土器
高さ30.5cm、口径41.5cm
岡山市立オリエント美術館

30
鋳造杯
前1～後1世紀
東地中海地域出土
ガラス
高さ3.6cm、径6.7cm
岡山市立オリエント美術館

31
台付杯
1世紀後半
東地中海周辺地域出土
ガラス
高さ16.2cm、径14.1cm
岡山市立オリエント美術館

32
鋳造浅鉢
1世紀

東地中海地域出土
ガラス高さ5.8cm、口径21.7cm
岡山市立オリエント美術館

33
リブ装飾碗
前1～後1世紀
東地中海地域出土
ガラス
高さ7.3cm、口径14.7cm
平山郁夫シルクロード美術館

34
ガラス杯
前1～後1世紀
東地中海地域出土
ガラス
高さ5.6cm、口径12.1cm
平山郁夫シルクロード美術館

35
千華文の杯と皿
前1～後1世紀
東地中海地域出土
ガラス
杯：高さ4.4cm、口径9.2cm
皿：高さ2.1cm、口径15.6cm
平山郁夫シルクロード美術館

36
緑釉把手付碗
前1～後1世紀
陶器
高さ12.8cm、口径10.5cm
平山郁夫シルクロード美術館

37
緑釉木蔦文把手付碗
前1～後1世紀
東地中海地域出土
高さ13.1cm、最大径7.5cm
平山郁夫シルクロード美術館

38
動物形リュトン
1～2世紀
東地中海地域出土
ガラス
高さ24.5cm、口径6.7cm
平山郁夫シルクロード美術館

39
ワイン輸送用アンフォラ
前1世紀後半～後2世紀
地中海地域出土
陶器
高さ112cm、最大径27.5cm
平山郁夫シルクロード美術館

40
ワインテイスティング用管
1世紀
ポンペイ、「メナンドロスの家」(I
10,4)出土
銀
長さ26.3cm／長さ25.5cm
ナポリ国立考古学博物館
inv. 145551, 145552

41
モルタリウム
土器
長さ39cm、幅35cm
個人蔵

42
ヒョウに乗る幼児
1～2世紀
テラコッタ
高さ13.2cm、幅13cm
平山郁夫シルクロード美術館

43
ストリギリス（肌かき器）
前3～前1世紀
銅
長さ20cm／長さ25cm
ポーラ文化研究所

44
アッティカ赤像式キュリクス（酒
杯）
前5世紀
土器
高さ10cm、口径24.5cm
個人蔵

45
カミソリ
前8世紀
青銅
長さ12.2cm、幅6cm／長さ8cm、幅
4.8cm
ポーラ文化研究所

46
カミソリ
1世紀
ポンペイ出土
鉄、骨
長さ13.5cm、幅13.5cm
ナポリ国立考古学博物館
inv. 136769

47
入浴道具
1世紀
ポンペイ出土

青銅
輪：直径15.7cm、パテラ：直径
17.3cm、ストリギリス：長さ23cm、
アリュバロス：高さ7cm
ナポリ国立考古学博物館
inv. 69904 (a-f)

48
栓つき香油壺
1世紀
ポンペイ出土か
青銅
高さ12cm
ナポリ国立考古学博物館　inv. SN

49
蓋つき香油壺
1世紀
ポンペイ出土
ガラス、青銅
高さ12.7cm、最大径10cm
ナポリ国立考古学博物館　inv. 12943

50
銅製把手付ガラス壺
3～4世紀
東地中海地域出土
ガラス
総高11.1cm、幅7.6cm、ガラス部分：
高さ6.2cm
MIHO MUSEUM

51
マーブル装飾瓶
1世紀
東地中海地域出土
ガラス
高さ7.5cm、径5.4cm
岡山市立オリエント美術館

52
突起装飾瓶
2～3世紀
東地中海地域出土
ガラス
高さ12.2cm、径7.8cm
岡山市立オリエント美術館

53
型吹双面瓶
1世紀後半～2世紀
東地中海地域出土
ガラス
高さ6.3cm、径3.6cm
岡山市立オリエント美術館

54
型吹果実文瓶
1世紀

東地中海周辺地域出土
ガラス
高さ7.8cm、径5.2cm
岡山市立オリエント美術館

55
人面装飾瓶
3～4世紀
東地中海地域もしくはイタリア出土
ガラス
高さ16.2cm、幅7.3cm
平山郁夫シルクロード美術館

56
葡萄形瓶
1～2世紀
東地中海地域出土
ガラス
高さ14.8cm、幅7.5cm
平山郁夫シルクロード美術館

57
宙吹瓶
1世紀中葉～2世紀中葉
イタリア北部出土
ガラス
高さ5.2cm、径3.6cm
岡山市立オリエント美術館

58
ガラス香油瓶
1～2世紀
東地中海地域出土
ガラス
高さ6.6cm、幅5cm
平山郁夫シルクロード美術館

59
浮出文瓶
1世紀
東地中海地域出土
ガラス
高さ6.8cm、口径2.1cm
平山郁夫シルクロード美術館

60
長頸瓶
2～3世紀
地中海地域出土
ガラス
高さ18.8cm、最大径7.3cm
岡山市立オリエント美術館

61
長頸瓶
1～3世紀
東地中海地域出土
ガラス
高さ12.14cm、径7.3cm

岡山市立オリエント美術館

62
二連瓶
4～5世紀
東地中海地域出土
ガラス
高さ11.1cm、最大幅6cm
岡山市立オリエント美術館

63
條文瓶
2～4世紀
地中海地域出土
ガラス
高さ11.4cm、最大径10.1cm
岡山市立オリエント美術館

64
ゴールドバンド装飾瓶
1世紀
イタリア出土
ガラス
高さ7.3cm、最大径4.3cm
平山郁夫シルクロード美術館

65
アポロ・ピュティウス坐像
1～2世紀
バイア、ストリンゴリ地区の浴場出土
大理石
高さ136cm
ナポリ国立考古学博物館　inv. 6261

66
アポロとニンフへの奉納浮彫
2世紀
イスキア島、ニトローディの温泉出土
大理石
縦45cm、横59cm
ナポリ国立考古学博物館　inv. 6752

67
薬箱
1世紀
青銅
長さ13.5cm、幅8cm、高さ2cm
ナポリ国立考古学博物館　inv. 78233

68
吸引具
1世紀
ポンペイ出土
青銅
高さ10cm、直径8cm
ナポリ国立考古学博物館　inv. 77989

69
外科器具入れ
1世紀
ポンペイ出土
青銅
長さ約20cm
ナポリ国立考古学博物館
inv. 78197（a-f）

70
人体をかたどった奉納模型　手
前3～前2世紀
カレス出土（ポンテ・デッレ・モナ
ケ地区）
テラコッタ
高さ19.5cm
ナポリ国立考古学博物館　inv. 21920

71
人体をかたどった奉納模型　足
前3～前2世紀
カレス出土（ポンテ・デッレ・モナ
ケ地区）
テラコッタ
高さ15.6cm
ナポリ国立考古学博物館　inv. 21799

72
人体をかたどった奉納模型　子宮
前3～前2世紀
カレス出土（ポンテ・デッレ・モナ
ケ地区）
テラコッタ
幅17.5cm
ナポリ国立考古学博物館　inv. 21643

73
着衣女性像
前2～前1世紀
青銅
高さ185cm
MIHO MUSEUM

74
着衣女性像
前1～後2世紀
大理石
高さ92cm
個人蔵

75
女性裸体像断片
前3～前1世紀
地中海地域出土
テラコッタ
高さ17.8cm、幅5.6cm
岡山市オリエント美術館

76
女性頭部
前3～前1世紀
地中海地域出土
テラコッタ
高さ6.3cm、幅3.1cm
岡山市立オリエント美術館

77
女性頭部
前3～前1世紀
地中海地域出土
テラコッタ
高さ11.3cm、幅8.7cm
岡山市立オリエント美術館

78
化粧用スパチュラ（ヘラ）
1世紀
ポンペイ出土
骨
長さ11.5cm／長さ11.7cm
ナポリ国立考古学博物館
inv. 119621（a-b）

79
エトルリア製の鏡
前5～前4世紀
イタリア中部出土
青銅
長さ30.3cm、幅14.8cm
岡山市立オリエント美術館

80
エトルリア製の鏡
前4世紀頃
青銅
長さ22.5cm、幅11.5cm
ポーラ文化研究所

81
「腰掛けるエロス」アプリア赤像式
皿
メンジース・グループ
前330～前310年
イタリア南部出土
土器
高さ4.7cm、径23.6cm
岡山市立オリエント美術館

82
「鏡を持つ女性」アッティカ赤像式
レキュトス
前480～前460年頃
アテネ出土
陶器
高さ19.8cm、最大径7.8cm
平山郁夫シルクロード美術館

83
裸体女性浮彫（ピュクシス断片）
ローマ時代
エジプト出土
象牙
高さ6.9cm、幅3.67cm
岡山市立オリエント美術館

84
山猫の耳飾り
前2～後1世紀
金、ガーネット、エメラルド、天然
真珠
長さ7.1cm
平山郁夫シルクロード美術館

85
カメオガラス
前1～後3世紀
ガラス、金
長さ3.5cm、幅3.6cm
平山郁夫シルクロード美術館

86
金製指輪
1～2世紀
ガーネット（柘榴石）、金
縦0.9cm、横2cm、深さ2cm
国立西洋美術館　橋本コレクション

87
鉢巻きをしたアスリート
前1世紀
カーネリアン（紅玉髄）、金
縦1.3cm、横2cm、深さ2.5cm
国立西洋美術館　橋本コレクション

88
犠牲式を表すカメオ
前1世紀（指輪は近代）
サードニクス（赤縞瑪瑙）、金
縦1.3cm、横1.9cm、深さ2cm
国立西洋美術館　橋本コレクション

89
瑪瑙を模したエロスのガラスカメオ
前1世紀後期
ガラス、金
縦2cm、横2.8cm、深さ2.2cm
国立西洋美術館　橋本コレクション

90
アグリッピーナ
1世紀（指輪は近代）
オニキス（縞瑪瑙）、金
縦3cm、横2.4cm、深さ2.6cm
国立西洋美術館　橋本コレクション

91
ライオンのカメオ
1～2世紀（指輪は近代）
サードニクス、金
縦1.2cm、横2.1cm、深さ2cm
国立西洋美術館　橋本コレクション

92
男根が浮彫りされた指輪
1世紀
金
縦0.8cm、横1.3cm、深さ1.4cm
国立西洋美術館　橋本コレクション

93
金製指輪
1世紀
ベリル（緑柱石）、金
縦1.1cm、横1.5cm、深さ1.8cm
国立西洋美術館　橋本コレクション

94
金製指輪
2～3世紀
ガーネット、ガラス、金
縦1cm、横1.7cm、深さ1.8cm
国立西洋美術館　橋本コレクション

95
サテュロスが表された兜をかぶる女
神アテナ
前1世紀
カーネリアン
縦1.7cm、横1.4cm、深さ0.4cm
国立西洋美術館　橋本コレクション

96
山羊のインタリオの指輪
2世紀
アメジスト（紫水晶）、金
縦2.2cm、縦0.8cm、深さ2cm
国立西洋美術館　橋本コレクション

97
イルカのインタリオの指輪
2世紀後半
サードニクス、金
縦2.6cm、横1.1cm、深さ2.2cm
国立西洋美術館　橋本コレクション

98
ヘルメスの杖
2世紀
サードニクス、金
縦0.8cm、横2cm、深さ1.9cm
国立西洋美術館　橋本コレクション

99
鳥のインタリオの指輪
2～3世紀
ジャスパー（碧玉）、銀
縦1.7cm、横0.8cm、深さ1.9cm
国立西洋美術館　橋本コレクション

100
騎手のインタリオの指輪
前1～後1世紀
カーネリアン、青銅
縦2.2cm、横0.9cm、深さ2cm
国立西洋美術館　橋本コレクション

101
銘のあるインタリオの指輪
3世紀
サードニクス、金
縦2.1cm、横1.6cm、深さ2.3cm
国立西洋美術館　橋本コレクション

102
銘のある金製指輪
3～5世紀
オニキス、金
縦0.9cm、横2.3cm、深さ2.7cm
国立西洋美術館　橋本コレクション

103
ライオン頭部形の吐水口
1世紀
エルコラーノ出土か
青銅、テラコッタ
長さ25cm、幅13cm
ナポリ国立考古学博物館
inv. 286792

104
水道のバルブ
1世紀
ポンペイ出土
青銅、鉛
高さ5cm、長さ35cm
ナポリ国立考古学博物館　inv. 69821

105
水道のバルブ
1世紀
ポンペイ出土
青銅
高さ24cm、長さ31cm
ナポリ国立考古学博物館　inv. 69824

106
ヴィーナス
50～79年
エルコラーノ、「モザイクのアトリ
ウムの家」（IV 2,1）出土
フレスコ

縦72cm、横60cm
ナポリ国立考古学博物館　inv. 8947

107
恥じらいのヴィーナス
1世紀
ポンペイ、アポロ神域出土
大理石
高さ130cm
ナポリ国立考古学博物館　inv. 6294

108
ヘラクレス小像
前1〜後2世紀
青銅
高さ20cm
MIHO MUSEUM

109
海から上がるヴィーナス
1世紀
ポンペイ、「メンミウス・アウクトゥ
スの家」(VI 14,27)、アトリウム (b)
のララリウム出土
大理石
高さ37cm
ナポリ国立考古学博物館
inv. 110602

110
ヘラクレスのトルソ
1〜2世紀
大理石
高さ51cm
個人蔵

111
牧神頭部
1世紀
多色モザイク
縦47cm、横43.5cm
石橋財団アーティゾン美術館

112
有馬温泉寺縁起絵巻
内藤喜昌
江戸時代
紙本著色
縦34.8cm、横1213.7cm
兵庫県立歴史博物館

113
上醍醐西谷湯屋復元模型
平成14年 (2002)
木村ほか
縦100cm、横115cm、高さ60cm
国立歴史民俗博物館

114
洗湯手引草
向晦亭等琳
嘉永元年 (1851) 刊
木版墨摺
縦24cm、横16.5cm
慶應義塾大学信濃町メディアセン
ター (北里記念医学図書館)

115
都名所図会
秋里籬島著　竹原春朝斎画
安永9年 (1780) 初版
木版墨摺
縦27.4cm、横18.7cm
神戸市立博物館

115*
都名所図会
秋里籬島著　竹原春朝斎画
安永9年 (1780) 初版
木版墨摺
縦27.4cm、横18.7cm
京都府立京都学・歴彩館

116
武田信玄像
土佐光起
貞享5年 (元禄元年・1688)
紙本著色
縦83cm、横38.2cm
山梨県立博物館

117
武田信玄画像
江戸時代
絹本著色
縦82.7cm、横33.3cm
山梨県立博物館

118
有馬茶会記 友阿弥筆 阿弥陀堂宛
天正18年 (1590)
紙本墨書
縦27.1cm、横42.3cm
五島美術館

119
有馬茶会記
天正18年 (1590)
紙本墨書
縦30.5cm、横43.5cm
善福寺

120
豊臣秀吉像
桃山時代
紙本著色
縦81.6cm、横36.9cm

神戸市立博物館

121
軽石
桃山時代
石
高さ8.3cm
神戸市

122
江戸名所百人美女 御殿山
歌川国貞 (三代歌川豊国)
安政5年 (1858)
木版色摺
大版錦絵　縦35.8cm、横24.6cm
ポーラ文化研究所

123
湯屋模型
三浦宏
1980年代
幅79cm、奥行き154cm、高さ74cm
個人蔵

124
時世粧年中行事之内　競細腰雪柳風
呂
落合芳幾
明治元年 (1868)
木版色摺
大判錦絵3枚続　各縦36.5cm、横
25cm
神戸市立博物館

125
時世粧年中行事之内　一陽来復花姿
湯
落合芳幾
明治元年 (1868)
木版色摺
大判錦絵3枚続　各縦35.9cm、横
24.5cm
神戸市立博物館

126
肌競花の勝婦湯
豊原国周
明治元年 (1868)
木版色摺
大判錦絵3枚続　各縦36.5cm、横
24.8cm
神戸市立博物館

127
浮世風呂
式亭三馬
文政3年 (1820)
木版墨摺
縦18cm、横12cm

京都府立京都学・歴彩館

128
賢愚湊銭湯新話
山東京伝作　歌川豊国画
享和2年（1802）
木版墨摺
縦17.8cm、横12.7cm
慶應義塾図書館

128*
賢愚湊銭湯新話
山東京伝作　歌川豊国画
享和2年（1802）
木版墨摺
縦16.4cm、横12.4cm
東京大学総合図書館

129
諸国温泉効能鑑
江戸時代後期
木版墨摺
縦22.5cm、横16.5cm
神戸市立博物館

130
諸国温泉効能鑑
江戸時代後期
木版墨摺
縦46.9cm、横30.6cm
神戸市立博物館

131
明治大見立改正新版大日本温泉一覧
明治時代
木版墨摺
縦37.5cm、横25.2cm
神戸市立博物館

132
有馬湯山道記
貝原益軒
正徳6年（1716）
木版墨摺
縦18.4cm、横12.1cm
神戸市立博物館

133
旅行用心集
八隅蘆庵
文化7年（1810）
木版墨摺
縦18.6cm、横12.8cm
神戸市立博物館

134
熱海温泉図彙
山東京山
天保3年（1832）

木版墨摺
縦22.5cm、横15.5cm
慶應義塾大学信濃町メディアセン
ター（北里記念医学図書館）

135
七湯の枝折
文窓・弄花
文化8年（1811）
紙本著色
縦29.2cm、横702.7cm
箱根町立郷土資料館

136
上野国伊香保鉱泉浴客病痾全快祝宴
楊州周延
明治14年（1881）
木版色摺
大判錦絵3枚続　各縦36.9cm、横
24.7cm
神戸市立博物館

137
上野国伊香保温泉遊宴之図
三代目歌川広重
明治15年（1882）
木版色摺
大判錦絵3枚続　各縦36.8cm、横
24.7cm
神戸市立博物館

138
伊香保鉱泉浴客諸病全快祝宴
楊州周延
明治16年（1883）
木版色摺
大判錦絵3枚続　各縦36cm、横
24.1cm
神戸市立博物館

139
諸国温泉遊覧記 相豆之部 全
服部應賀
明治15年（1882）
木版一部手彩
縦18.2cm、横11.9cm
神戸市立博物館

140
豊後別府及附近有名温泉案内全図
明治42年（1909）
石版
縦39.3cm、横54cm
神戸市立博物館

141
神戸有馬電鉄沿線名所図（部分）
昭和3年（1928）
オフセット

縦18.9cm、横100.1cm
神戸市立博物館

142
明神湯
ジオラマ制作：山本高樹・町田忍
平成20年（2008）
木、プラスチック、レジン、粘土など
幅85cm、奥行き91cm、高さ72cm
町田忍蔵

143
「中将湯温泉」看板
大正時代末期
木、漆、金箔
縦60.3cm、横120.8cm
町田忍蔵

144
ケロリンの桶
昭和38年（1963）〜平成時代頃
木（特別限定木桶のみ）、そのほか樹
脂
女性髪洗い用：高さ17cm、直径
30cm
広口洗面器型：高さ10cm、直径
30cm
初期型：高さ12cm、直径23cm
特別限定木桶：高さ12cm、直径
24cm
東京型：高さ12cm、直径22.5cm
子ども用：高さ10cm、直径22cm
町田忍蔵

145
「入浴の御注意」ホーロー看板
昭和30年代
金属板
縦73.6cm、横43.3cm
町田忍蔵

146
「永生湯」銭湯の暖簾
昭和29年（1954）
布
縦43.5cm、横175cm、生地耳4.5cm
町田忍蔵

147
銭湯の暖簾
昭和時代
布
縦128cm、横210cm
町田忍蔵

148
東京都公衆浴場業生活衛生同業組合
銭湯PRポスター
横尾忠則

平成14年（2002）
オフセット
縦103.3cm、横73.2cm
町田忍蔵

149
東京都公衆浴場業生活衛生同業組合
銭湯PRポスター
横尾忠則
平成15年（2003）
オフセット
縦103.3cm、横73.2cm
町田忍蔵

150
東京都公衆浴場業生活衛生同業組合
銭湯PRポスター
横尾忠則
平成16年（2004）
オフセット
縦103.3cm、横73.2cm
町田忍蔵

151
花王石鹸
明治23年（1890）発売
石鹸、木箱
木箱：縦18.1cm、横9.1cm、厚さ
4cm
花王ミュージアム

152
花王シャンプー
昭和7年（1932）発売
シャンプー、紙
外箱：縦9.5cm、横12cm、厚さ3.9cm
商品箱：縦4.5cm、横3.4cm、厚さ
1.5cm
花王ミュージアム

153
花王フェザーシャンプー
昭和30年（1955）発売
シャンプー、アルミ
縦6.5cm、横15.6cm
花王ミュージアム

154
チューブ入り花王フェザーシャン
プー
昭和34年（1959）発売
シャンプー、紙、チューブ
外箱：縦3.7cm、横16.4cm、厚さ
3cm
花王ミュージアム

155
河浦湯屋造営下知状
永禄4年（1561）

紙本墨書
縦31.1cm、横45.7cm
恵林寺（信玄公宝物館保管・展示）

156
甲斐名所すご六
歌川国芳ほか
弘化5年（嘉永元年・1848）
木版色摺
縦33.6cm、横46.4cm
山梨県立博物館

157
一遍上人坐像
江戸時代
木造、彩色、玉眼
像高61.3cm
温泉山永福寺

158
諸国奇観　豊後別府温泉
川上藤兵衛正澄
文政8年（1825）
紙本墨書
縦27cm、横19.5cm
大分市歴史資料館

159
豊後国速見郡鶴見七湯の記　照湯惣図
弘化2年（1845）
紙本著色
各縦43cm、横29.6cm
大分県立歴史博物館

160
豊後州速見郡濱湧温泉場賑之図
明治14年（1881）
木版色摺
縦41cm、横62cm
別府市美術館

161
温泉寺縁起
室町時代
紙本著色
縦192.4cm、横155.4cm
京都国立博物館

162
湯垢（出土時の様子）部分
桃山時代
幅最大8.3cm
長さ最大75cm
神戸市

## 参考文献

凡例
・本目録は「主要欧文文献」と「主要和文文献」からなる
・主要欧文文献は著者名をアルファベット順に掲載した
・主要和文文献は古代ローマ関係（序章〜第3章）と日本関係（第4章）に分類したうえ、著者名を50音順に掲載。展覧会図録は開催年順に掲載した

### 主要欧文文献

#### 書籍・論文

- Adamo Muscettola, S., "Gli ex-voto alle ninfe di Ischia: la parabola di una cultura marginale," *Rivista dell'Istituto Nazionale di archeologia e storia dell'arte*, 57 (III Serie, XXV), 2002
- Amalfitano, P., G. Camodeca, and M. Medri, *I Campi Flegrei: un itinerario archeologico*, Venezia,1990
- Bassani, M., M. Bressan, and F. Ghedini, *Canaque sulphureis albula fumat aquis. Il termalismo romano in Italia e le fonti letterarie: un quadro d'insieme*, (Atti del Convegno Internazionale, Montegrotto Terme, 6-8 Settembre 2012), Padova, 2013.
- Bellucci, N.D., *I reperti e i motivi egizi ed egittizzanti a Pompei*, Oxford 2021.
- Carrella, A., *Marmora pompeiana nel Museo archeologico nazionale di Napoli: gli arredi scultorei delle case pompeiane*, Studi della Soprintendenza archeologica di Pompei 26, Roma 2008.
- Castagna, R., "Le tavolette votive alla Ninfe Nitrodi," *La Rassegna d'Ischia*, 6, 1992, pp. 18-26.
- Ciardiello, R., *Seneca e la Campania nelle lettere a Lucilio*, Napoli, 2011.
- Ciardiello, R., and I. Varriale, *Agnano, Astroni & Solfatara*, Napoli, 2011.
- Connolly, P., and H. Dodge, *The Ancient City, Life in Classical Athens and Rome*, Oxford, 1998.
- Croisille, J.-M., *Les natures mortes campaniennes: Répertoire descriptif des peintures de nature morte du Musée national de Naples, de Pompei, Herculanum et Stabies* (Collection Latomus LXXVI), Bruxelles, 1965.
- De Caro, S., *La natura morta nelle pitture e nei mosaici delle città vesuviane*, Napoli, 2001.
- DeLaine, J., *The Baths of Caracalla : a Study in the Design, Construction, and Economics of Large-Scale Building Projects in Imperial Rome* (*Journal of Roman Archaeology*, Suppl. 25), Portsmouth, 1997.
- DeLaine, J., and D.E. Johnston, *Roman Baths and Bathing* (Proceedings of the First International Conference on Roman Baths held at Bath, England, 30 March – 4 April 1992, *Journal of Roman Archaeology*, Suppl. 37), Portsmouth, 1999.
- Dickmann, J-A., *Pompeji. Archäologie und Geschichte*, München, 2017 (3$^{rd}$ ed.).
- Evans, H.B., *Water Distribution in Ancient Rome: the Evidence of Frontinus*, Ann Arbor, 1994.
- Fagan, G.G., *Bathing in Public in the Roman World*, Ann Arbor, 1999.
- L. Forti, *Rilievi dedicati alle Ninfe Nitrodi (Rendiconti della Accademia di Archeologia Lettere e Belle Arti XXVI)*, 1951.
- Gasparri, C. (ed.), *Le sculture farnese, II. I ritratti,* Napoli, 2010.
- Gensheimer, M.B., *Decoration and Display in Rome's Imperial Thermae. Messages of Power and their Popular Reception at the Baths of Caracalla*, Oxford, 2018.
- Hodge, A.T., *Roman Aqueducts and Water Supply*, London, 1992.
- M. Mancioli, *Le proprietà terapeutiche delle acque di Nitrodi e Olmitello*, Napoli,1995
- Martucci, C.S., *Disiecta membra calena. Appunti per una storia dell'antica Cales*, Pozzuoli, 2022.
- Maréchal, S., *Public Baths and Bathing Habits in Late Antiquity: a Study of the Evidence from Italy, North Africa and Palestine A.D. 285-700* (Late Antique Archaeology, Suppl. 6), Leiden/Boston, 2020.
- L. Melillo, "Il termalismo nel mondo antico," *Medicina nei secoli Arte e Scienza, Journal of History of Medicine*, 7, 1995, pp. 461-483.
- P. Miniero - F. Zevi (eds.), *Museo Archeologico dei Campi Flegrei. Catalogo Generale 3. Liternum, Baia, Miseno*, Napoli, 2008
- Nielsen, I., *Thermae et Balnea: the Architecture and Cultural History of Roman Public Baths*, tr. by P. Crabb, 2 vols., Aarhus, 1990.
- Pappalardo, U., and R. Ciardiello (eds.), *Guida geoarcheologica della costa campana ad uso dei naviganti*, Napoli, 2005
- Pasquinucci, M., *Terme romane e vita quotidiana*, Modena 1987
- Richardson Jr, L., *A New Topographical Dictionary of Ancient Rome*, Baltimore/London, 1992.
- Ruesch, A. (ed.), *Guida illustrata del Museo nazionale di Napoli*, Napoli, 1908.
- Steinby, E.M. (ed.), *Lexicon Topographicum Urbis Romae*, 6 vols., Roma, 1993-2000.
- Trendall, A.D. and A. Cambitoglou, *The Red-Figured Vases of Apulia*, 2 vols., Oxford, 1978.
- Trendall, A.D., *Red Figure Vases of South Italy and Sicily. A Handbook*, London, 1989.
- Yegül, F., *Baths and Bathing in Classical Antiquity*, New York, 1992.
- Zevi, F. (ed.), *Pompei 79. Raccolta di studi per il decimonono centenario dell'eruzione vesuviana*, Napoli, 1979.

#### 欧文展覧会図録

- *Gladiatori* (Napoli, 28 aprile 2021 - 6 gennaio 2022), V.

Sampaolo (ed.), Milano, 2020

- *Histrionica. Teatri, maschere e spettacoli nel mondo antico* (Ravenna, Complesso di San Nicolò, 20 marzo - 12 settembre 2010), M.R. Borriello, L. Malnati, G. Montevecchi, V. Sampaolo (eds.), Milano, 2010
- *Homo Faber. Natura, scienza e tecnica nell'antica Pompei* (Napoli, 27 marzo – 18 luglio 1999), A. Ciarallo and E. De Carolis (eds.), Napoli, 1999.
- *Luxus und Dekadenz*, catalogo della mostra (München, 7. Februar – 30. August 2009), R. Aßkamp, J. Christiansen, H. Kenzler, and L. Wamser (eds.), Mainz am Rhein, 2007
- *Paideia. Giovani e sport nel mondo antico* (Napoli, 1 luglio - 2 dicembre 2019), P. Giulierini and M. Grimaldi (eds.), Napoli 2020
- *Sangue e arena* (Roma, Colosseo, 22 giugno 2001 – 7 gennaio 2002), A. La Regina (ed.), Milano, 2001

オンライン

- Online Coins of the Roman Empire (http://numismatics.org/ocre/)
- Roman Provincial Coinage Online (https://rpc.ashmus.ox.ac.uk)

主要和文文献

古代ローマ関係

書籍

- 青柳正規『古代都市ローマ』および同書「参考文献」、中央公論美術出版、1990年
- 青柳正規『逸楽と飽食の古代ローマ『トリマルキオの饗宴』を読む』講談社、2012年／（講談社学術文庫）2014年
- 青柳正規編『世界美術大全集 西洋編 第5巻 古代地中海とローマ』小学館、1997年
- 今井宏訳著『古代ローマ水道　フロンティヌスの『水道書』とその世界』原書房、1987年
- 本村凌二『テルマエと浮世風呂　古代ローマと大江戸日本の比較史』（NHK出版新書）NHK出版、2022年
- ロバート・クナップ著、西村昌洋監訳、増永理考・山下孝輔訳『古代ローマの庶民たち―歴史からこぼれ落ちた人々の生活』白水社、2015年
- ピエール・グリマル著、北野徹訳『ローマの古代都市』（文庫クセジュ）白水社、1995年
- ピエール・グリマル著、北野徹訳『古代ローマの日常生活』（文庫クセジュ）白水社、2005年
- ケヴィン・グリーン著、本村凌二監修『ローマ経済の考古学』平凡社、1999年
- エウジェニア・サルツァ・プリーナ・リコッティ著、武谷なおみ訳『古代ローマの饗宴』平凡社、1991年
- 谷一尚『ガラスの考古学』同成社、1999年
- 芳賀京子、芳賀満『西洋美術の歴史 1 ギリシアとローマ、美の曙光』中央公論新社、2017年
- 長谷川岳男、樋脇博敏『古代ローマを知る辞典』東京堂出版、2004年
- パトリック・ファース著、目羅公和訳『古代ローマの食卓』東洋書林、2007年

- 水田徹編『世界美術大全集　西洋編 第4巻 ギリシア・クラシックとヘレニズム』小学館、1995年

展覧会図録

- 『世界遺産　ポンペイ展』東京都江戸東京博物館、2001年
- 『ポンペイ展　世界遺産　古代ローマ文明の奇跡』横浜美術館ほか、2010年
- 『古代ガラス―色彩の饗宴―』MIHO MUSEUM、岡山市立オリエント美術館、2013年
- 『シルクロードの饗宴―葡萄とワインの文化をめぐって―』平山郁夫シルクロード美術館、2013年
- 『いにしえの煌き―シルクロードの装身具たち―』平山郁夫シルクロード美術館、2014年
- 『香りのシルクロード―古代エジプトから現代まで―』古代オリエント博物館ほか、2015年
- 『雲母　平山郁夫とシルクロードのガラス展』平山郁夫シルクロード美術館ほか、2017年
- 『特別展　ポンペイ展』東京国立博物館ほか、2022年

日本関係

書籍

- 『市制施行八〇周年記念 熱海温泉誌』熱海市、2017年
- 石川理夫『温泉の日本史　記紀の古湯、武将の隠し湯、温泉番付』中央公論新社、2018年
- 入江秀利『天領横灘ものがたり』おおくま書店、2001年
- 入江秀利『横灘の炉辺史話』おおくま書店、2013年
- 江夏弘『お風呂考現学 日本人はいかに湯となごんできたか』TOTO出版、1997年
- 花王ミュージアム・資料室編『花王120年 1890-2010年』花王株式会社、2012年
- 『時代の美 ―五島美術館・大東急記念文庫の精華― 第三部 桃山・江戸編』公益財団法人五島美術館、2013年
- 『ゆの山御てん』神戸市、2000年
- 国立歴史民俗博物館・花王株式会社編『〈洗う〉文化史』吉川弘文館、2022年
- 木暮金太夫編『錦絵にみる 日本の温泉』国書刊行会、2003年
- 関戸明子『近代ツーリズムと温泉』ナカニシヤ出版、2007年
- 筒井功『風呂と日本人』文藝春秋、2008年
- トク・ベルツ編、菅沼竜太郎訳『ベルツの日記』上下巻、岩波書店、1979年
- 中野栄三『雄山閣アーカイブス　歴史篇　入浴と銭湯』雄山閣、2016年
- 日本温泉文化研究会『温泉の文化誌　論集　温泉学①』岩田書院、2007年
- 日本温泉文化研究会『温泉をよむ』講談社、2011年
- 花咲一男『江戸入浴百姿』三樹書房、2004年
- 『文化的景観　別府の湯けむり景観保存計画』別府市、2012年
- 『別府市誌』第1巻、別府市、2003年
- 町田忍『銭湯』ミネルヴァ書房、2016年
- 町田忍『町田忍の銭湯パラダイス』山と渓谷社、2021年
- 松田忠徳『江戸の温泉学』新潮社、2007年
- 松田法子『絵はがきの別府 古城俊秀コレクションより』

左右社、2012年
・本村凌二『テルマエと浮世風呂　古代ローマと大江戸日本の比較史』(NHK出版新書)NHK出版、2022年
・『山北町文化財調査報告書 山北町指定重要文化財　箱根権現縁起絵巻』山北町教育委員会、2004年
・和田菜穂子『近代ニッポンの水まわり 台所・風呂・洗濯のデザイン半世紀』学芸出版社、2008年

展覧会図録

・『湯の聖と俗と―風呂と温泉の文化―』兵庫県立歴史博物館、1992年
・『熱海再発見』MOA美術館、エム オー エー商事、1997年
・『有馬の名宝』神戸市立博物館、1998年
・『湯浴み―湯の歴史と文化』大分県立歴史博物館、1999年
・『ゆ ～お風呂の文化史～』埼玉県立博物館、2000年
・『中世寺院の姿とくらし：密教・禅僧・湯屋』国立歴史民俗博物館、2002年
・『七湯の枝折』箱根町郷土資料館、2004年
・『北斎の富士　北斎と甲斐の国』山梨県立博物館、2011年
・『滅却心頭火自涼　甲斐の名刹　恵林寺の至宝』花園大学歴史博物館、2014年
・『ようこそ！横尾温泉郷』横尾忠則現代美術館、2016年
・『江戸時代の旅と温泉展』豊橋市二川宿本陣資料館、2019年
・『まじわる文化、つなぐ歴史、むすぶ美 ―神戸市立博物館名品展―』神戸市立博物館、2019年
・『ぬくもりと希望の空間～大銭湯展』江戸東京たてもの園、2020年
・『秀吉の生涯』大阪城天守閣、2020年
・『「べっぷ」と「ゆふいん」の物語』大分県立先哲史料館、2020年
・『武将たちの風貌』大阪城天守閣、2022年

逐次刊行物

・石川理夫「温泉の日本史と別府」『温泉科学』第68巻、日本温泉科学会、2018年
・『大分県歴史資料調査報告9 豊後国速見郡鶴見七湯の記』大分県立歴史博物館、2022年
・『大分県歴史資料調査報告10 豊後国速見郡鶴見七湯の記 続編』大分県立歴史博物館、2023年
・大山琢央「鳥瞰図に描かれた別府温泉 ―近代ツーリズムと吉田初三郎らのまなざし―」『史学論叢』第44号、別府大学史学研究会、2014年
・樽井由紀「温泉の効能から見た伊香保温泉の近代化―温泉番付、錦絵、温泉案内書を手がかりに」『観光学評論』vol. 2-2、観光学術学会、2014年
・古川元也「山北町指定重要文化財「箱根権現縁起絵巻」について」『神奈川県立博物館研究報告 人文科学』第30号、神奈川県立歴史博物館、2004年
・『べっぷの文化財 No. 33 江戸時代の別府の様相』別府市教育委員会、2002年
・米山勇「江戸湯屋建築の復元的研究」『東京都江戸東京博物館研究報告』第4号、江戸東京博物館、1999年

## 謝辞

本展覧会の開催にあたり、貴重な作品をご出品いただいた美術館・博物館および所蔵者の皆様、関係機関に心より感謝申し上げます。また、展覧会の実現のためにご尽力いただき、ご協力を賜りました関係各位に深い感謝の意を表します。

(敬称略、五十音順)

石川理夫
上田知正
大熊織雄
津村眞輝子
平井節男
町田忍
三浦佳子
ヤマザキマリ
米山勇

Altair4 Multimedia
石橋財団アーティゾン美術館
エア・ウォーター株式会社
恵林寺
大分県立先哲史料館
大分県立歴史博物館
大分市歴史資料館
岡山市立オリエント美術館
温泉山永福寺
花王ミュージアム
神奈川県立歴史博物館
株式会社KADOKAWA
株式会社スマイルカンパニー
株式会社ポーラ・オルビスホールディングス ポーラ文化研究所
京都国立博物館

京都府立京都学・歴彩館
慶應義塾大学信濃町メディアセンター
慶應義塾大学三田メディアセンター
神戸市文化スポーツ局文化財課
国立西洋美術館
国立歴史民俗博物館
五島美術館
静岡市東海道広重美術館
信玄公宝物館
吹田市立博物館
善福寺
多摩美術大学美術館
東京大学総合図書館
ナポリ国立考古学博物館
箱根町立郷土資料館
パナソニック ハウジングソリューションズ株式会社
兵庫県立歴史博物館
平山郁夫シルクロード美術館
別府市観光協会
別府市教育委員会
別府市美術館
MIHO MUSEUM
山梨県立博物館
UR都市機構

本書は、「テルマエ展　お風呂でつながる古代ローマと日本」の
公式カタログ兼書籍として刊行しました。


展覧会　　テルマエ展　お風呂でつながる古代ローマと日本

後援　　　イタリア大使館
協力　　　ヤマザキマリ
※全館共通


開催館

山梨県立美術館
会期　　　2023年9月9日（土）～11月5日（日）
主催　　　山梨県立美術館、テレビ山梨、朝日新聞社

大分県立美術館
会期　　　2023年11月25日（土）～2024年1月21日（日）
主催　　　公益財団法人大分県芸術文化スポーツ振興財団・大分県立美術館、
　　　　　朝日新聞社

パナソニック汐留美術館
会期　　　2024年4月6日（土）～6月9日（日）
主催　　　パナソニック汐留美術館、朝日新聞社

神戸市立博物館
会期　　　2024年6月22日（土）～8月25日（日）
主催　　　神戸市立博物館、朝日新聞社

# テルマエ　お風呂でつながる古代ローマと日本

THERMAE　ANCIENT ROME, JAPAN, AND THE JOY OF BATHING

| | |
|---|---|
| 発行日 | 2023年9月30日　初版 |

| | |
|---|---|
| 監修・執筆 | 青柳正規（東京大学名誉教授・山梨県立美術館館長） |
| | 芳賀京子（東京大学教授） |
| 学術協力 | ウンベルト・パッパラルド（チュニジア大学考古学教授） |
| | ロザーリア・チャルディエッロ（ナポリ・スオール＝オルソラ＝ベニンカーザ大学考古学教授） |
| 構成・執筆 | 太田智子（山梨県立美術館学芸員） |
| | 吉田浩太郎（大分県立美術館主幹学芸員） |
| | 萩原敦子（パナソニック汐留美術館主任学芸員） |
| | 萱原朋奈、鈴木更紗、三好俊、山田麻里亜（神戸市立博物館学芸員） |
| | |
| 執筆 | 飯塚隆（国立西洋美術館主任研究員） |
| | 平山東子（平山郁夫シルクロード美術館館長） |
| | ヤマザキマリ |
| | ロザーリア・チャルディエッロ |
| | |
| 翻訳 | 野々瀬真里（東北大学大学院） |
| | |
| 編集協力 | 朝日新聞社 |
| | |
| 発行者 | 片山誠 |
| 発行所 | 株式会社青幻舎 |
| | 京都市中京区梅忠町9-1　〒604-8136 |
| | Tel. 075–252–6766　Fax. 075–252–6770 |
| | https://www.seigensha.com |
| | |
| アートディレクション | 上田英司（シルシ） |
| グラフィックデザイン | 叶野夢（シルシ） |
| 編集 | 鎌田恵理子、太田美留久（青幻舎） |
| | |
| 印刷・製本 | 株式会社山田写真製版所 |